Jwala und Karl Gamper

Ich bin genial

КОНА КОМПАКТ

Jwala und Karl Gamper

Ich bin genial

Die 7 Erkenntnisse zum Genius

Nicht von einem Tag auf den nächsten,
sondern beständig im Laufe der letzten Jahre,
hat sich eine Welle gebildet,
die immer größer, mächtiger und umfassender wird.
Sie hat inzwischen alle Kontinente erreicht.
Welche Welle hat uns da erfasst?
Es ist das Erwachen hin zur Schöpferkraft
und damit zum Genius.
Denn dies ist die schöpferische Kraft in uns,
die es in dieser Zeit gekonnt einzusetzen gilt.
Halbe Sachen gehen nicht mehr.
Wir müssen genial sein.

INHALTSVERZEICHNIS

Was ist Genialität?

Wenn wir im Duden nachschlagen, lesen wir: überragende schöpferische Veranlagung. Als Genie wird gemeinhin jemand bezeichnet, der in einem bestimmten Gebiet eine außerordentliche Leistung zeigt. Albert Einstein beispielsweise gilt als Jahrtausend-Genie. Als Genie wird selbstverständlich auch ein Beethoven, Mozart, Chopin geführt oder ein Leonardo da Vinci, Rubens und van Gogh, um auch die tragische, die zu Lebzeiten unerkannte Seite eines Genies zu beleuchten.
Als Genie bezeichnen wir auch unsere großen Erfinder wie Edison, Tesla oder aus jüngster Zeit Steve Jobs. Genies sind auch große Staatenlenker, Kriegsherren, Begründer umwälzender Bewegungen und Ähnliches mehr.

Wenn wir so an das Thema herangehen, ist kaum etwas seltener als ein Genie. Unter Milliarden von Menschen gibt es nur wenige, die in den Geschichtsbüchern erscheinen. Solange wir Genie so begreifen, entzieht sich für die meisten der praktische Nutzen daraus. Wer von uns ist schon ein Beethoven?

Warum wollen wir genial sein?

Es ist unser Geburtsrecht! Nicht nur jeder Fingerabdruck, jeder Blutstropfen, jedes Haar an uns ist einzigartig – wir sind es in unserer Gesamtheit. Der Ausdruck dieser Einzigartigkeit ist es, der uns genial sein lässt. Zunächst und an oberster Stelle für uns selbst!

Wir wollen genial sein, weil uns das unserer Bestimmung näher bringt. Und dies wiederum macht uns zutiefst glücklich. Die Nähe zu unserer Bestimmung ist ein Fluss, ein ständig offenes Werden. Ein Abenteuer, das uns beständig weiterführt. Jedoch nicht weg von uns – sondern hin zu uns. Es ist der Fluss unseres Lebens, dem wir folgen und der gleichzeitig mit uns entsteht.

Wir wollen genial sein, weil wir in diesem sowohl als auch, in dieser paradoxen Versöhnung der Gegensätze, den Saft und die Kraft des Lebens spüren. Nichts in der Natur ist linear. Alles in der Natur folgt einer eigenen, verschlungenen Intelligenz. Wenn wir uns mit dieser verbinden, sind wir genial.
Genial einfach. Einfach genial.
Und damit auf geniale Weise offen für den nächsten Moment. Für jenes Werden, das dem Sein innewohnt.

Was fördert die Genialität?

Die Antwort darauf ist das Thema dieses Buches. Schritt für Schritt schälen wir den Genius frei – um letztlich ganz mit ihm zu verschmelzen. Und wieder begegnen wir einem Paradoxon: Die Reise zum Genius ist eine Reise, bei der du nie deine innere Heimat verlässt.

Jede einzelne der sieben Erkenntnisse ist wie eine Facette in einem Mosaik. Jeder Mosaikstein macht dein Leben – deinen

Alltag – auf zauberische Weise noch genialer, als er möglicherweise ohnehin schon ist.

Was ansteht, ist ein Sprung auf die nächste Stufe der Evolution. Dieser kann nur von jenen ausgelöst werden, die sich im
Bewusstsein miteinander verbinden. Da die Gesellschaft die
Summe Einzelner ist, richtet sich die Botschaft dieses Buchs
rigoros an jeden Einzelnen. Somit auch an dich. Die Verbindung
geschieht in einem sich selbst organisierenden Prozess, der un-
übersehbar begonnen hat. Wir verstärken und beschleunigen
diesen Prozess, indem wir den Genius in uns aktivieren.

Was ist der Genius?

Der Genius ist der Teil in dir, der dich zum Schöpfer macht. Genau genommen ist der Genius der schöpferische Aspekt deiner Seele. Der Genius dient der Seele – dem geistigen Wesen, das du bist – und nicht dem Ego. Der Genius verbindet deine Erdenreise mit deiner höchsten Vision, damit du diese leben und ausdrücken kannst. Und somit selbstverständlich auch mit höheren Dimensionen unseres Seins. Insbesondere mit jenen, die unsere Dimension des Raumes formen und strukturieren.

Damit ist der Genius der Schöpfer deiner Welt – und das im wortwörtlichen Sinn! Der Genius befreit dich aus dem Opfer-Modus und wartet darauf, von dir gesehen, erkannt und gerufen zu werden. Der Genius ist das große Geschenk deiner Erdenreise. Lies diesen Satz bitte noch einmal: Der Genius ist das große Geschenk deiner Erdenreise. Denn der Genius hilft dir, deinen Seelenplan zu erfüllen. Nichts Geringeres.

Erkennst du ihn an, so wird er nach und nach zum höchsten Wohle aller seine Kraft in deinem Leben entfalten.

Wie kannst du das volle Potenzial des Genius nutzen?

In dem du jede einzelne der sieben Erkenntnisse des Genius aktivierst und anwendest!

Jwala's Sicht

Wir sind es nicht gewohnt. Keiner von uns sagt von sich selbst
– und schon gar nicht laut: »Wow, bin ich genial!« Manchmal denken wir es und freuen uns, sobald wir diesen Moment
erfahren, der sich wie Magie anfühlt. Wenn wir eins sind, im
Fluss. Wenn wir uns »connected« fühlen. Momente, in denen
wir keine Angst haben. Wovor denn auch?
Wenn wir uns genial fühlen, wissen wir, dass wir verbunden
sind, und dieses Wissen lässt uns in einen tiefen, essenziellen
Frieden eintreten. Denn das ist es, was wir wollen. Was wir
wirklich wollen.
Wir beide, du und ich, sind am gleichen Punkt im Leben an-
gelangt. Lass uns Schulter an Schulter den Genius-Weg gehen
und gemeinsam NeuLand betreten.
Wir sind nun aufgefordert, genial zu sein.
Tiefes Durchatmen.
Es ist so weit.
Wir sagen laut ... jetzt:

»Ich bin genial«, Sign by Jwala [1]

Die Quintessenz

♠ Der Genius ist dein Geburtsrecht.
♠ Der Genius ist der schöpferische Aspekt deines Bewusstseins.
♠ Je mehr der Genius in dir erwacht, desto leichter erwacht er in anderen. Wir sind alle miteinander verbunden.
♠ Der Genius führt dich in dein eigenes NeuLand.

Die sieben
Erkenntnisse

Erste Erkenntnis

Erkenne
deine
Position

»Erkenne deine Position« kann auf den ersten Blick trivial klingen. Doch Untersuchungen zeigen, dass die wenigsten Menschen, Firmen oder Organisationen einen klaren Blick dafür haben, wo sie tatsächlich stehen. Manche Studien sprechen gar von nur drei Prozent.

Dies führt zu einem Nebel. Diese unbewusste innere Haltung zieht uns aus dem Jetzt und führt zu einem Gefühl der Unzufriedenheit, ohne genau zu wissen, woher diese eigentlich kommt.

Stellen sich, in welchem Bereich auch immer, die gewünschten Ergebnisse nicht ein und bleiben Erfolge aus, so ist die bevorzugte Reaktion darauf, mehr und noch mühevoller vom Gewohnten zu wiederholen, anstatt:

1. die eigene Position bewusst zu betrachten,
2. den Blick für das Ziel zu schärfen und
3. den Kurs zu korrigieren.

Auf die Punkte zwei und drei werden wir später eingehen. Im Augenblick geht es darum, rigoros und ehrlich eine Inventur der eigenen Position vorzunehmen. Wo stehst du als Mensch? Eingebunden in ökologische, ökonomische und soziale Systeme?

Ist-Zustand

Wenn uns unsere Position nicht klar ist, driften wir in ein Niemandsland ab. Wir wissen dann nicht, wohin wir gehören, weil uns ein stabiler Bezugspunkt fehlt. Kennst du das Gefühl, wenn du die Bodenhaftung verlierst und dich verloren fühlst? Desorientiert?

Zur Klärung deiner Position haben wir ein Fragen-Setting entwickelt und bieten dir eine Skala von 1-10 zur Bewertung an.

Bevor du beginnst, ein paar wichtige Informationen:

- ♠ Dies ist kein Test. Daher geht es keineswegs darum, möglichst viele Punkte zu erreichen.
- ♠ Wir bieten dir viele Fragen an. Das hat den Sinn, deinen inneren Fokus zu weiten und dir bewusst zu machen, in wie vielen Verbindungen du stehst. Selbstverständlich kannst du auch Fragen hinzufügen, die für deine Position wichtig sind.
- ♠ Bitte nimm die Fragen wie eine Art *Herzenskompass* auf. Lass bei den Antworten mehr dein Herz als deinen Verstand sprechen. Im Fokus stehen deine Beziehung, dein Verhältnis und deine Verbundenheit zum jeweiligen Thema. Du bist dein eigener Meister und musst niemandem etwas beweisen.

Zwischenspiel

Erkenne deine Position ist der erste Schritt, um den Genius in dir zu erwecken. Sei einfach schonungslos und radikal ehrlich mit dir selbst. Sieh nicht nur den Mangel – sondern richte deinen Blick auch darauf, wo du genial bist.

Die Skala der Bewertung von 1 bis 10:

1 = macht mich ohnmächtig; 2 = kritisch; 3 = kein Interesse; 4 = macht mich traurig; 5 = macht mich wütend; 6 = ausgeglichen, versöhnt; 7 = hier geht es bergauf; 8 = gut; 9 = sehr gut 10 = genial

Die Fragen zu deiner Position:

Wie sieht es mit deiner Beziehung aus zu ...

Deinem Körper ganz allgemein, zu deinem Gewicht, zu deiner Gesundheit?

1	2	3	4	5	6	7	8	9	10

Deiner Ernährung?

1	2	3	4	5	6	7	8	9	10

Deiner Kleidung?

1	2	3	4	5	6	7	8	9	10

Deiner Wohnsituation?

1	2	3	4	5	6	7	8	9	10

Deinen Gedanken?

1   2   3   4   5   6   7   8   9   10

Deinem Fühlen?

1   2   3   4   5   6   7   8   9   10

Deinem inneren Dialog?

1   2   3   4   5   6   7   8   9   10

Den blinden Flecken, zum Schatten in dir?

1   2   3   4   5   6   7   8   9   10

Ängsten und Hindernissen?

1   2   3   4   5   6   7   8   9   10

Deiner Vergangenheit?

1   2   3   4   5   6   7   8   9   10

Deiner Zukunft?

1   2   3   4   5   6   7   8   9   10

Deinem Lebens- und Sexualpartner?

1   2   3   4   5   6   7   8   9   10

Deinen Eltern und zu deinen Ahnen?

1   2   3   4   5   6   7   8   9   10

Deinen evtl. Kindern und zu deinen evtl. Enkelkindern?

1   2   3   4   5   6   7   8   9   10

Deinen Freunden und Bekannten?

1   2   3   4   5   6   7   8   9   10

Deinem jetzigen Job, zu deiner Berufung und zu dem Verhältnis zwischen den beiden?

1   2   3   4   5   6   7   8   9   10

Deinen Arbeitskollegen?

1   2   3   4   5   6   7   8   9   10

Deinen Fähigkeiten und Talenten?

1   2   3   4   5   6   7   8   9   10

Deinen Visionen, Träumen und dem Lebensweg, den du einge- schlagen hast?

1   2   3   4   5   6   7   8   9   10

Glück? Bist du glücklich?

1   2   3   4   5   6   7   8   9   10

Geld? Zu Schuld und Schulden?

1   2   3   4   5   6   7   8   9   10

Sport und deinen Hobbies?

1   2   3   4   5   6   7   8   9   10

Kunst und Kultur?

1   2   3   4   5   6   7   8   9   10

Politik?

1   2   3   4   5   6   7   8   9   10

Kontrolle und Loslassen?

1   2   3   4   5   6   7   8   9   10

Tod und Sterben?

1   2   3   4   5   6   7   8   9   10

Spiritualität, Gott oder dem Größeren?

1   2   3   4   5   6   7   8   9   10

Dem Genius in dir?

1   2   3   4   5   6   7   8   9   10

Die Auswertung:
Gerne wären wir jetzt Mäuschen, um über deine Schulter blicken zu können. Wenn du so gestrickt bist wie wir, ist deine Position sehr unterschiedlich im Verhältnis zu den einzelnen Beziehungsfeldern. Anders gesagt, deine Position ist variabel und könnte von ohnmächtig bis genial reichen, je nach Beziehungsfeld.

Wenn du aus diesem Verständnis heraus eine Inventur machst, entsteht eine Matrix, die Schwächen und Stärken zeigt. Deine Position wäre an manchen Stellen ganz weit unten und an anderen weit oben. Und wenn wir auf dem herkömmlichen und vertrauten Weg bleiben, würde diese Auswertung in folgende Empfehlung münden: Stärke deine Stärken oder löse dich von dem, was dich schwächt. Oder akzeptiere deine Schwächen, arbeite daran und stärke diese. Auch möglich wäre: Gleiche diese aus, indem du dich mit Menschen verbündest, deren Stärken deine Schwächen sind. Das sind die üblichen Wege, die dir bestimmt bekannt sind. Wir schlagen dir gleich eine neue Form vor. Doch vorher geht es darum, den Genius in dir weiter zu verfestigen und ihm einen fixen Platz in deinem Sein zu gewähren.

Die Verankerung des Genius

Je mehr du dem Genius einen Hauptwohnsitz in dir zugestehst, desto klarer wird seine Position und desto deutlicher kann er sich ausdrücken. Die Handlung des Genius ist immer genial. Etwas anderes ist dem Genius nicht möglich.

Da der Genius Teil deines Bewusstseins ist, bist du genial.
Eine grundlegende Veränderung in deinem Leben erreichst du, indem du diese Behauptung zu einer unumstößlichen Wahrheit erhebst und das »du« durch ein »ich« ersetzt. So, dass du aus voller Überzeugung, aus einer Gewissheit heraus, die über jeden Zweifel erhaben ist, von dir selbst sagen kannst: »Ich bin genial.«
Die Schöpfung ist genial. Das Leben ist genial, die Natur, das Universum. Alles. Alles ist durchwoben, entstanden, geprägt und geformt aus schöpferischer Kraft. Wie könntest du da nicht genial sein?

Durch dieses Einswerden mit dem Genius verlässt du eine variable Position und verankerst dich stabil in deiner Genialität. Deine Genialität muss sich in keiner Weise mit der Genialität von anderen Menschen messen. Ähnlich wie sich dein Fingerabdruck nicht mit einem anderen Fingerabdruck vergleichen lässt. Auf diese Idee würdest du niemals kommen. Dein Fingerabdruck ist einzigartig. Das weißt du.

Genauso ist es mit dem Genius in dir. Dieser ist einzigartig.

Der erste Schritt

Als ersten Schritt verankerst du deine Position im Genius. Du rufst ihn innerlich und verbindest dich mit ihm. Wenn du das jetzt tust, kannst du fühlen, wie sich der Genius in dir festigt und sich zu Hause fühlt. Das ist ein AHA-Erlebnis, das dich deutlich im Jetzt landen und dich tiefer bei dir selbst ankommen lässt.

Der zweite Schritt

Durch die Augen des Genius schaust du nun nochmals auf die Matrix deiner Auswertung. Diesmal erzeugt diese nicht das geringste Defizit in dir. Keinerlei Selbstverurteilung. Stabil, in dir verankert, schaust du auf einzelne Beziehungsfelder. Dort, wo du den Impuls verspürst und Lust hast, entscheidest du dich, dieses Feld mit deiner genialen Kraft zu füllen. Für den Anfang empfehlen wir dir, nur ein paar wenige Felder auszuwählen, dies macht es leichter.

Die Übung des Sitzens

Während du weiterliest, spüre, wie du im Genius sitzt. Wie du mit dem Genius blickst. Sei dir bewusst, wie sich dein Atem senkrecht bewegt und du mit dem Genius den Text in dich aufnimmst und sinken lässt. Kannst du das fühlen? Der Genius breitet sich in dir aus und du erkennst: Der Genius ist meine ursprüngliche Position. In dieser Position wurde ich geboren. Diese Position ist meine natürliche Heimat. Diese Position ist weder beliebig, noch austauschbar, noch variabel. Ich sitze im

Genius und der Genius sitzt in mir. Keine Trennung weit und breit.

Das angesprochene Sitzen ist ein In-sich-Setzen. Daher lesen wir im Dhammapada, dem Werk, in dem die wichtigsten Aussagen des Gautama Buddha gesammelt sind, folgendes Sutra: »Sitze. Ruhe. Arbeite.«

Sitze ... nicht nur körperlich, auch psychisch und spirituell. Die Zen-Buddhisten nennen das Zazen. Zazen bedeutet: Einfach nur sitzen und nichts tun.

Ruhe ... sinke in eine tiefe Ruhe. Der Atem geht natürlich, der Körper beruhigt sich, das Fieber des ständigen Begehrens schwindet. Der ganze Aufruhr löst sich. Stille kehrt ein.

Arbeite ... diese Arbeit wird eine vollkommen andere Qualität haben. Ihre Quelle ist Kreativität anstatt Getrieben-Sein. Du arbeitest, weil du so viel Energie zur Verfügung hast, dass du sie mit der Welt teilen möchtest. Du willst etwas erschaffen, was die Welt friedlicher, entspannter, feinfühliger, ekstatischer und genialer macht.

In der Übung des Sitzens erblüht dein Genius und erwacht zu der ihm angebrachten Position.

Die neuroSIGNS© zur »Verankerung des Genius«

Eine weitere Möglichkeit zur Verankerung des Genius bietet dir das folgende neuroSIGN©.
neuroSIGNS© sind geführte Meditationen mit einem einzigartigen Sprachmuster.

Diese kannst du auch als MP3-Datei gratis herunterladen. Sie wurde von uns gesprochen und mit Musik hinterlegt. Den Gratis-Download sowie eine App findest du unter www.NeuLand.vision.
Im Anhang dieses Buches sind weiterführende Informationen zu den neuroSIGNS© sowie zu der App enthalten.

Lass nun folgende Worte tief in dein Unterbewusstsein sinken. Lass sie Wort für Wort und Satz für Satz auf dich wirken:

Jenseits allen Treibens habe ich Platz genommen.
Zur Ruhe kommen will ich.
Nichts tun.
Zur Ruhe kommen.
Still werden.
Ruhig sein.
Mit jedem Atemzug sinke ich tiefer.
Tiefer in mich hinein.

Mit jedem Atemzug komme ich ihr näher;
meiner ursprünglichen Position.
Der ganze Aufruhr löst sich.
Stille kehrt ein.
Ich erinnere mich: Ich bin genial.
Ja, ich bin genial.

Alles, was ich in mir trage.
Alles, was ich nach außen trage.
Ich erinnere mich an mein Geburtsrecht:
Ich bin genial.
Sitzen, Ruhen, nichts tun. Genial sein.
Jetzt erkenne ich meine natürliche Heimat.

Sitzen.
Die Energie setzt sich.
Ruhen.
Die Energie sammelt sich.
Arbeiten.
Die Energie richtet sich aus.

Ich mache mich bereit für einen genialen Beitrag.
Alles, was ich in mir trage und alles,
was ich nach außen trage.
Ich leiste einen genialen Beitrag.
Denn dies ist mein Geburtsrecht.
Sitzen. Ruhen. Arbeiten.
Ich bin genial.

Jetzt.

Jwala's Sicht

Ich kenne Zeiten, da erreichte ich einen Punkt, der sich wie ein großes Erwachen aus einem langen Winterschlaf anfühlte. Wo war ich bloß, fragte ich mich. Alles war unscharf, sobald ich zurückschaute. Es waren nicht viele Lichtpunkte zu sehen und es fühlte sich auch nicht genial an.

Mir wurde gewahr, dass ich meinen »FreudeBlumenWeg« verlassen hatte. Der FreudeBlumenWeg ist mein Zauberweg. Er entsteht dann, wenn ich bewusst wach und freudig neugierig durchs Leben gehe. Wenn ich genial bin.
Falle ich aber aus diesem Zustand heraus und versinke womöglich in Sorgen, Vorwürfen, Selbstmitleid, Eifersucht, Zukunftsängsten ... lande ich auf dem Holzweg und verliere mich dabei. Dieser Weg kann lang und schmerzhaft sein. Auch, weil wir es so gewohnt sind. Das muss aber nicht sein. Ich brauche nur meine »Genius-Brille« aufzusetzen und meine Position zu erkennen.

Um herauszufinden, wo der richtige Weg ist, muss ich erst einmal erkennen, auf welchem Weg ich gerade gehe. Wo ich im Leben stehe. Ich bin erbarmungslos ehrlich und gleichzeitig mitfühlend mit mir. Ich nehme meine aktuelle Situation an und übernehme die Verantwortung dafür. Voll und ganz. Kein »Ja, aber ...« mehr! Da bin ich streng mit mir. Ich anerkenne und wertschätze mich für das, worin ich genial bin und erkenne die blinden Flecken in mir. Meinem Genius genehmige ich einen stabilen Platz in meinem Leben: JETZT.
Ist doch ganz einfach!

Quintessenz

- ♠ Das Erkennen der Position des Genius ist der erste Schritt für ein geniales, kreatives und schöpferisches Leben.
- ♠ Durch die Verankerung des Genius wirst du zum Beobachter, der sich aus Identifikationen löst.
- ♠ Durch die Position des Genius kommst du in deinem wahren Wesen an.
- ♠ Sie ist immer außerhalb des Egos und damit jenseits von Trennung.

Zweite Erkenntnis

Erkenne dein volles Potenzial

Eines der Grundgesetze der Quantenphysik lautet: Der Beobachter und das Beobachtete sind miteinander verbunden. Gehen wir davon aus, dass sich in einem Elektron ein Partikel befindet, so zeigt sich uns ein Partikel. Beobachten wir eine Welle, so zeigt sich uns eine Welle. Dieses Wissen ist inzwischen Allgemeingut.

Doch was heißt das praktisch? Siehst du ein Problem, so entsteht ein Problem. Siehst du eine Lösung, so erscheint eine Lösung. Wie genial!
Nutze den folgenden Satz und mache ihn zu deiner gelebten Wahrheit:

♠ Was ich sehe, ist eine Lösung.

Wenn du dich in der Position des Genius verankerst, so bekommt alles, was du beobachtest, einen genialen Schimmer. Das Beobachtete wird genial. Du erlebst hautnah, wie sich hinter jeder Herausforderung sofort eine Lösung zeigt. Lass dir das auf der Zunge zergehen. Denn das bedeutet praktisch und alltagstauglich, dass jeder Aspekt deines Lebens genial wird! Die Lösung für alles kommt direkt aus dem Potenzial!

Daher forscht der Genius in jeder Situation sofort nach dem Potenzial, also nach der Chance, nach der verdeckten Möglichkeit, die es zu nutzen gilt. Das erfordert ein tiefes, grundlegendes Umprogrammieren unserer gewohnten Sicht. Die gewohnte Sicht ist: Wir sind getrennt.

Die Sicht des Genius dagegen ist Verbundenheit. Aus dieser Sicht sind wir mit allem verbunden. Sie ist diametral entgegengesetzt. Der Genius verbindet sich mit dem Potenzial jeder Situation.

♠ Der Genius ist gelebte Verbundenheit.

Was ist das Potenzial?

Untrennbar verbunden mit dem Genius ist die Kraft. Das lateinische Wort dafür lautet Potenzial. Gemeint ist die Kraft, die Macht, die Stärke, die grundsätzlich vorhanden, allerdings noch nicht ausgeschöpft ist. Das Potenzial ist somit eine Möglichkeit, die zwar gegeben ist, jedoch brachliegt, wenn wir sie nicht nutzen.

Das Potenzial an sich ist unsichtbar. Du erkennst es erst dann in seinem vollen Umfang, wenn es ausgedrückt wird. Daher ist der Ausdruck das alles Entscheidende. Nimm einen Motor. Du erkennst dessen volles Potenzial erst dann, wenn er läuft und sich die Drehzahl erhöht. Ähnlich ist es beim Menschen. Wie oft hast du jemanden kennengelernt, der auf den ersten Blick keinen besonderen Eindruck auf dich machte. Doch bei näherem Kennenlernen hast du erfahren, wie kreativ dieser Mensch seine Fähigkeiten nutzt und damit sein Potenzial umsetzt.

Das gilt auch für dich, wenn du dich auf das Potenzial in dir einlässt und den Genius dabei zu deinem Verbündeten machst.

Denn die Natur des Potenzials ist die Möglichkeit – die Chance – zur vollständigen Entfaltung. Mit dem Erkennen des Potenzials lebst du deine wahre Größe. Das Potenzial ist die Kraft, die Energie, die dir eine geniale Art eröffnet, dein Leben zu gestalten.

Der Wächter

Das klingt fast zu schön, um wahr zu sein. Und du fragst dich berechtigt, warum wir und alle Menschen um uns herum es nicht schon lange nutzen? Tatsächlich ist es so, dass vor dem Potenzial ein Wächter steht; sinnbildlich gesprochen. Dieser Wächter ist ein gewaltiges, raffiniertes Hindernis. Wenn du dieses Hindernis weder erkennst noch durchschaust, bleibt dir dein volles Potenzial versagt. Du magst Teile erreichen, gewiss, doch niemals das gesamte, dir zur Verfügung stehende volle Potenzial.

Wie heißt dieser Wächter? Wie lautet sein Name?

Das Wort für den Wächter umfasst drei Buchstaben: Ego. Das Ego ist der Teil, der uns die Erfahrung der Trennung ermöglicht. Getrennt von anderen Menschen, der Natur, dem Leben, dem vollen Potenzial. Ego steht für erlebte und gelebte Getrenntheit.

Was ist das Ego?

Das Ego ist ein Konstrukt, geschaffen von unserem Verstand, aufgeladen mit Emotionen. Emotionen sind nicht gefühlte Gedanken. Diese sammeln sich im Emotionalkörper, der sich mit dem Ego verbindet. Das Ego wird so zu einem verkapselten Ich. Wie eine Kapsel – ein Gefäß – oder eine Box. Ein Schattenreich in uns, das viel Energie bindet.

Wir werfen all das in diese Box hinein, von dem wir behaupten, das bin ich und das ist mein. Mein Körper, mein Wissen, meine Beziehungen, mein Besitz. Daran ist an sich nichts verkehrt, denn wir brauchen es, um einen Bezugspunkt zu haben. Die Tragödie liegt eher darin, dass wir uns mit dem Ego und dessen Inhalt und Wirkungsweise identifiziert haben. Und zwar von Kindheit an! Mein Spielzeug, mein Teddybär, meine Mama. Mein, mein, mein ...

So wird aus der Box eine künstliche Matrix, in der wir leben. Die meisten Menschen bewegen sich ihr ganzes Leben innerhalb ihrer eigenen und der sozialen Matrix, die wir miteinander geschaffen haben. Wir brechen zwar immer wieder aus – doch wir fallen auch immer wieder zurück. Denn das Ego bezieht seine Energie aus der Matrix, aus der Box. Damit nutzen wir natürlich niemals unser volles Potenzial.

Ego-Energie

Es lohnt sich, diese Ego-Energie zu durchschauen. Die Energie des Egos entsteht aus Reibung, aus dem Widerstand. Daher reiben sich Egos permanent aneinander. Sie versöhnen sich, arrangieren sich – um dann wieder in den unterschiedlichsten und subtilsten Formen miteinander zu kämpfen. Die Egos kämpfen nicht immer gegeneinander, oftmals verbünden sie sich und kämpfen dann gemeinsam gegen ein oder mehrere andere Egos. Das Ego behauptet nicht zu kämpfen, was natürlich nicht stimmt, denn es geht immer nur um Energie. Doch der Vorgang ist oft sehr subtil. Egos kämpfen raffiniert und nuanciert. Wir müssen wirklich hinter die Oberfläche blicken, um dieses Spiel zu durchschauen.

Gleichzeitig ist es die Erfahrung von uns allen. Falls du nicht von einem Kampf sprechen möchtest, dann nimm einfach den Aspekt der Reibung.

♠ Das Ego kann gar nicht anders, als andere Menschen ebenfalls als Ego zu betrachten.

So schaut ein Ego stets ein anderes Ego an. Beide ringen im Grunde um Energie, die sich oft im Gewand der Aufmerksamkeit zeigt. Aufmerksamkeit ist das wertvollste Gut, bei dem es in allen unseren sozialen Systemen geht. Sei es in der Politik, in der Wirtschaft, im Geflecht unserer Beziehungen – wo auch immer. Jedes Ego will Aufmerksamkeit. Das ist sein energetisches Lebenselixier.

Wichtig ist, dass du klar erkennst, dass es bei all diesen Ego-Kämpfen und Ego-Spielen immer nur um Energie geht, ganz egal, was vordergründig behauptet wird. Sind wir dabei angedockt an unser volles Potenzial? Nein, definitiv nicht.

Der Sinn des Egos und des Erwachens

Wir sind freiwillige Gefangene in der Ego-Kapsel, um die Erfahrung der Getrenntheit und der Lieb- und Machtlosigkeit zu machen. Unsere wahre Natur ist überaus machtvoll, strahlend, unsterblich. Doch damit wir als die, die wir in Wahrheit sind, die Erfahrung der Ohnmacht und der Getrenntheit machen können, wurde das Ego erschaffen und das Wesen hat sich in das Ego hinein vergessen.

Das ist die Kurzform eines jahrtausendealten Dramas, das in unzähligen Komödien und Tragödien aufgeführt wird.

Erwachen bedeutet, sich daran zu erinnern, wer du bist. »Erinnere dich« – ist die ultimative Formel des Erwachens. Im gleichen Ausmaß, wie du erwachst, erblüht der Genius. Der

Genius kooperiert nicht mit dem Ego, sondern mit der Seele, deinem Höheren Selbst. Daher ist auch die Quelle der Energie für den Genius nicht die Matrix, die das Ego geschaffen hat, sondern das unbegrenzte, allgegenwärtige, riesige Potenzial. Da du der Genius bist, hast du Zugang zu diesem Potenzial.

Der Genius schaut auf das Ego und durchschaut es. Ohne zu urteilen. Er sieht das Ego förmlich zappeln und blickt voller Mitgefühl auf einen Aspekt von sich selbst.

Praktische Anwendung

Falls das für dich etwas zu abstrakt klingt, dann schaue einfach auf eine herausfordernde Situation deines Lebens aus der Position des Genius. Als Genius sitzt du im Zuschauerraum und betrachtest das Schauspiel, die Schauspieler, darunter auch dich und das Bühnenbild deiner Situation. Der Genius weiß, die Dynamik der einzelnen Szenen entwickelt sich aus den Reibungs-Energien der Egos. Da der Genius sich von diesem grundlegenden Script der Egos nicht täuschen lässt, steigt er in diese Dramatik gar nicht erst ein, sondern lenkt die gesamte Szene in eine neue Richtung. Und zwar in Richtung eines Miteinanders, eines grundlegenden Friedens, hin zu einem Happy End, bei dem es keine Verlierer gibt, sondern nur befreiende Gewinner.

Der Genius braucht nicht die Energie des Egos. Er ist angedockt an das allgegenwärtige Potenzial. Nutze das für dein eigenes Leben. Pole dich um. Hole die Energie nicht aus dem Ego, sondern aus dem Potenzial.

♠ Dieses beinhaltet – ausnahmslos! – jede Situation.

Wie erkennst du das Potenzial einer Situation?

Die Antwort gliedert sich in drei Teile.:

Erstens, indem du dich mit der Situation verbindest. Kein Widerstand. Keine Reibung.
Die Voraussetzung, um dich mit einer Situation zu verbinden, heißt Akzeptanz. Wenn du mit einer Situation im Widerstand bist, kannst du dich damit nicht verbinden. Folglich kommst du auch nicht an das volle Potenzial heran.

Akzeptanz ist ein Zauberweg zu deinem Potenzial. Denn so entsteht Verbundenheit – während das Ego dazu neigt, zunächst mit einer gegebenen Situation in Widerstand zu gehen.

Übe dich darin, die nächste unangenehme Situation, die dir das Leben schenkt, zu akzeptieren. Und zwar genau so, wie die Situation ohnehin ist. Ohne Hader. Ohne Widerstand. Sondern in einem wachen, kraftvollen und selbstbewussten Zulassen. Das liest sich leicht, hat in der Praxis jedoch seine Tücken!

Es gibt jedoch einen genialen Trick, den du anwenden kannst: Füge in Gedanken zwischen der Situation und deiner Reaktion ein inneres »AHA« ein. Dieses »AHA« erzeugt eine Lücke, unterbricht deine herkömmliche Reaktion und schafft Zeit für die Genius-Reaktion.

Erforschen wir kurz den Unterschied zwischen einer Ego- und einer Genius-Reaktion: Im Falle eines Streitgespräches entsteht mit dem Satz »Du bist daran schuld« Trennung. Die Energie staut sich. Druck baut sich auf. Widerstand regt sich. Du könntest leicht emotional werden.

Im zweiten Fall verbindest du dich mit der Situation und damit mit dem darin enthaltenen Potenzial.
In dem Streitgespräch gehst du innerlich einen Schritt zurück, beobachtest die Situation. Lässt dir Zeit für ein gedankliches AHA. Aus der Ebene des Genius heraus erkennst du die Intension und die Hintergründe deines Gegenübers. AHA. Deine Energie vermehrt sich. AHA. Fühle, wie sie fließt. AHA. Dann lass dich von der Energie mitnehmen und zu einer Genius-Reaktion inspirieren.
Erst durch die praktische Anwendung macht dich der Genius zum Meister, zur Meisterin.

Der Meistersatz dazu lautet:

♠ Ich akzeptiere jede Situation voll und ganz. AHA. Und ich
handle bewusst und meisterlich.

Fülle diesen Satz mit Erfahrung und du bist mit deinem vollen
Potenzial verbunden!

**Zweitens, indem du Fragen aus der Position des Genius
stellst.**

Aus einer Frage ergibt sich eine Antwort, wie von selbst. Die
Antwort macht dir das Potenzial bewusst. Hier eine Anzahl
Fragen, als Beispiel gedacht. Erweitere diese Fragen um jene,
die deine spezifische Situation in den Mittelpunkt heben. Stelle diese Fragen aus der Position des Genius.

♠ Wie wirkt die Situation auf mich? Was löst sie in mir
aus?

♠ Was fühle ich? Was verstehe ich?

♠ Was lerne ich daraus – wenn ich mich nicht damit
identifiziere?

♠ Was würde ich einem Freund empfehlen?

♠ Wie kann ich das Unsichtbare des Potenzials sichtbar
machen?

♠ Wie kann ich die Möglichkeit zu einer Chance machen
und bewusst nutzen?

♠ Wie könnte sich die Magie daraus entfalten?

♠ Was wäre die glorioseste aller Möglichkeiten, der
absolute best case?

♠ Was wäre der worst case?

♠ Nimm die Spannungsenergie zwischen best und
worst case wahr. Wähle!

Meditation der Verbundenheit

Nachdem du diese Fragen durchgegangen bist und deine Antworten gefunden hast, verdichte das Gefühl aus allem und gehe damit in die Stille. Wir empfehlen dir mindestens elf Minuten. Benenne das Gefühl nicht. Tue nichts. Lass das Gefühl einfach in dein Bewusstsein wie ein Lot sinken, das von seinem eigenen Gewicht in die Tiefe des Wassers gezogen wird. Erlaube, dass sich dein Gefühl mit dem vollen Potenzial der Situation verbindet. Versinke in die Stille. Und wenn Gedanken kommen, nimm diese wahr – ohne zuzugreifen. Beobachte sie wie Vögel im Flug. Und wenn du merkst, dass du dich in den Gedanken verlierst, dann rufe dich bei deinem Namen zurück. Rufe innerlich deinen Namen. Und justiere dich wieder in die Stille. In die Verbundenheit von allem. Atme. Sei.

Nach der Meditation lausche, was sich in dir zeigt. Erst dann entscheide dich für den nächsten Schritt, der sich für dich stimmig anfühlt.

Drittens, indem du es anwendest.
Nur durch die Anwendung kommst du unverzüglich in die Erfahrung des vollen Potenzials. Halte dabei deine Energie auf höchstem Niveau.

Jwala's Sicht

Um das volle Potenzial zu erkennen, muss eine andere, elementare Erkenntnis erst am tiefen Grunde meiner Seele angekommen sein: Ich bin verbunden.
Verbunden womit? Nennen wir es die höchste Wahrheit oder das Reich Gottes. Lass mich hier der Einfachheit halber »Paradies« dazu sagen. Denn dieses ist es, wonach wir uns sehnen. Die Sehnsucht ist, in diesem Paradies irgendwann anzukommen. Den Traum vom Paradies verlegen wir jedoch weit weg von uns, räumlich und zeitlich getrennt. Nur nicht hier und jetzt.

Das Potenzial erkennen heißt zu verinnerlichen, dass wir bereits im Paradies sind. Wir brauchen nur aus der Trance aufzuwachen, die uns in der Getrenntheit hält. Nichts hält uns vor diesem Aufwachen zurück, wenn wir uns nicht selbst zurückhalten.
Wenn jegliche Illusion der Getrenntheit wegfällt und du dich wieder an das Feld aller Möglichkeiten andockst, wirst du dich daran erinnern, wie einfach es ist, genial zu sein. Da ist nichts Kompliziertes, nichts Schwieriges, was es erst zu erlernen gilt! Setze dich einfach nur still hin und sieh dich um: Das Feld

aller Möglichkeiten ist in dir und um dich herum. Nichts ist getrennt. Alles ist eins.

Du bist verbunden. Im gleichen Augenblick erwachst du im Paradies und was du siehst, ist eine Lösung. Es ist genial einfach, genial zu sein. Stimmt's?

Quintessenz

- ♠ Das Potenzial ist eine unsichtbare Ordnung, die sich durch Anwendung offenbart.
- ♠ Das volle Potenzial befindet sich außerhalb der Ego-Kapsel.
- ♠ Der Genius erkennt das Potenzial und verbindet sich damit.
- ♠ Verbundenheit ist das Geheimnis, um aus dem vollen Potenzial zu schöpfen.

Dritte Erkenntnis

Erkenne
deine
Vision

Die kosmische Perspektive

Mit der *Erkenntnis der Vision* ist die Kunst des Träumens verknüpft. Diese brauchen wir, um aus der Alltagswelt mit ihrer Fixierung auf materielle Objekte zu entkommen und andere Dimensionen wahrnehmen zu können. Du weißt bestimmt, wie das Wachträumen geht. Oft wurde es uns in jungen Jahren aberzogen. Gib dir daher einfach selbst die Erlaubnis zum Träumen und wenn du magst, lade dir Vertraute dazu ein. Es ist wunderschön, miteinander zu träumen. Das ist besser als Fernsehen. Visionen sind aus Träumen gewebt. Aus der Position des kosmischen Genius braucht es für die Menschheit eine einzige, gemeinsame Vision. Diese muss so groß sein, einen solchen Bogen schlagen, dass sich alle Menschen unter dem Zeltdach dieser strahlenden Vision wiederfinden können. Diese Vision ist wie das Firmament, das unendlich viele Sterne vereint. Alle diese Sterne haben ihre eigene Vision – doch das Firmament verbindet sie miteinander.

Diese alles einschließende Vision lautet: »Wir gestalten ein Paradies auf Erden.« Jeder Mensch kann sich darin erkennen und hat doch die Freiheit, innerhalb dieser großen Vision seine eigene gestalten zu können. Mit seinem eigenen Leuchten zum gemeinsamen Leuchten beizutragen.

Das ist in knappen Worten die Vision des Genius für die gesamte Menschheit.

Denn wir kommen ja aus einem Paradies, einem Garten Eden. Mit allen nur denkbaren Exzessen haben wir uns in der Dunkelheit der Getrenntheit, der Isolation und der Einzelanstrengung verloren und erleben nun die Zeit des gemeinsamen Erwachens.

Und doch hat sich gegenüber dem ursprünglichen Paradies etwas grundlegend verändert: Vorher waren wir im Garten Eden, ohne die Möglichkeit, uns selbst als eigenständige Wesen wahrzunehmen. Wir waren vereint, verbunden und glückselig mit allem, was auf dieser Erde existierte. Nach der langen Nacht des Vergessens erwachen wir nun und erkennen uns selbst. Wir sehen unser eigenes Licht im Konzert vieler anderer Lichter. Unser Ich ist erblüht. Wir sind uns unseres Bewusstseins bewusst.

Wir haben ein Selbstbewusstsein erlangt und können mit Selbstliebe das Paradies auf Erden wieder errichten. Wir haben die Liebe um den Aspekt der Selbstliebe erweitert. Dadurch können wir die Liebe – wie Jwala so schön sagt – »... immer tiefer lieben und der Existenz immer ähnlicher sein«.

Was ist eine Vision?

In der Vision offenbart sich die stille Sehnsucht des Herzens in einem leuchtenden Bild. Eine Vision hat Regenbogencharakter. Sie erscheint am Himmel unseres Bewusstseins wie ein Fixstern, den wir zwar nicht greifen können, der uns jedoch leuchtet und der uns vor allem leitet. Die Farben der Vision betören uns wie jene des Regenbogens.

Kommt eine Vision aus einem erwachten Herzen, kann sie auch von anderen übernommen und als Ausdruck der eigenen Vision erkannt werden. Damit haben wir wieder das Bild der großen Vision, die mit deinem individuellen Ausdruck erweitert wird.

Eine Vision ist von ungeheurer Bedeutung. Denn eine Vision, wie wir sie hier verstehen, kommt aus einer tiefen Innenschau und zeigt das große, strahlende Bild für deinen nächsten Lebensabschnitt! Für dein Projekt oder für dein Herzensanliegen.

Das Wort Vision kommt vom lateinischen »Visio« – Erscheinung. Eine Vision ist somit eine Erscheinung am Himmel deines Bewusstseins. Eine Erscheinung – und das ist wesentlich – die dir als erstrebenswert erscheint. Das kann wie ein Blitzlicht, eine Momentaufnahme aus deiner idealen Zukunft sein. Etwas, wo du dich selbst siehst, möglicherweise mit einem oder mehreren Menschen. Das Wichtigste an diesem Bild ist das Gefühl. Was fühlst du dabei? Spürst du einen Jubel? Ein großes Ja?

Eine Vision kann – muss jedoch nicht – logisch sein. Sie ist wie ein Traum, den du mit deiner Glaubensenergie auflädst. Selbst wenn alle um dich herum meinen, es sei verrückt, dein Herz dir aber ein klares Ja signalisiert, dann gehe für deine Vision. Es ist dein Leben!

Vergiss nicht: Die Vision bündelt und verdichtet das Potenzial großartiger Möglichkeiten, die sich dir aus der Position des

Genius zeigen. Position, Potenzial und Vision ergeben einen Dreiklang.

Wir ermutigen dich: Entwickle eine großartige Vision, die herkömmliche Grenzen sprengt. Gehe den Weg ins Unbekannte. In dein eigenes NeuLand.

Was ist ein Sankalpa?

Die Wurzel, die Quelle der Vision, ist das Sankalpa. Das ist der häufig vergessene Quellcode der Vision. Im Sankalpa gründet sie. Wenn wir die Vision wie einen Drachen verstehen, der im Herbstwind an einer langen Schnur dem Himmel entgegenstrebt, so ist das Sankalpa der Drachenlenker.

Was genau ist das Sankalpa? Folgen wir der Sprache, um ein tieferes Verständnis auszuloten. Denn in jedem Wort ist die ursprüngliche Bedeutung eingebettet.

Das Wort Sankalpa kommt aus einer der heiligen Ursprachen der Menschheit, dem Sanskrit. »San« bedeutet »die Ahnung des Herzens« und »Kalpa« meint »die erste Regel«. Jene Regel, die vor allen anderen beachtet werden muss.

Das Sankalpa ist somit ein Same, ein Keim, eingepflanzt in deinem Herzen. Öffnet sich die Kapsel des Sankalpa, so zeigt sich dir in Folge die große Vision für den nächsten Abschnitt deines Lebens. Das Sankalpa ist somit die Ausrichtung auf das Sehnen nach der großen Vision in dir.

Daraus wird deutlich, dass sich sowohl das Sankalpa als auch die Vision im Laufe deines Lebens verändern können. Und das ist gut so. Denn Leben an sich ist Wandel und Veränderung. Wenn du diese Dynamik benutzt, surfst du gleichzeitig auf der Welle der Evolution deines Lebens. Die Ahnung des Herzens bekommt dabei den höchsten Stellenwert und wird zur obersten Priorität. Zur ersten Regel.

So findest du dein Sankalpa

Wer Fragen stellt, kommt um Antworten nicht umhin. Es sind Fragen, die die Aufmerksamkeit lenken und Antworten hervorrufen. Je fokussierter die Frage, desto treffender die Antwort. Diese Methode wenden wir für das Sankalpa an.

Frage dich:
- ♠ Warum bin ich hier?
- ♠ Was macht mich aus?
- ♠ Was bewegt mich?
- ♠ Wonach sehne ich mich?
- ♠ Für was brennt mein Herz?

Die Antworten aus diesen Fragen bilden den Kern für dein Sankalpa. Letztendlich bündeln sich diese Fragen zu einer einzigen Antwort. Du findest deine Antwort, wenn du folgenden Satz vervollständigst: »Ich bin hier, um ...«

Beispiele für ein Sankalpa

Wichtig ist, dass du deine ureigene Antwort findest. Die Beispiele stammen von Menschen, die ihr Sankalpa entdeckt und in Folge daraus ihre Vision entwickelt haben.

- ♠ Ich bin hier, um befreit zu sein.
- ♠ Ich bin hier, um glücklich zu sein.
- ♠ Ich bin hier, um Liebe zu leben.
- ♠ Ich bin hier, um Großes zu erschaffen.
- ♠ Ich bin hier, um Gerechtigkeit zu erfahren.
- ♠ Ich bin hier, um zu musizieren.
- ♠ Ich bin hier, um mein Leben zu genießen.
- ♠ Ich bin hier, um einfach zu sein.
- ♠ Ich bin hier, um genial zu sein.
- ♠ Ich bin hier, um zu leuchten.

Diese Beispiele sind Wegweiser. Sie zeigen dir die Richtung an, in die es geht. Wenn dich eines davon sehr anspricht, dann übernimm es und experimentiere damit. Die Ahnung des Herzens hat immer mit Kraft und Unterstützung zu tun. Du spürst das Sankalpa als eine Sehnsucht in dir nach einem Leben, das ganz dir entspricht. Um das zu erreichen, hole den Antrieb aus deinem Sankalpa.

Vergiss nicht: Die Vision wurzelt im Sankalpa.

Die Vision

Es geht darum, das Sankalpa zu nehmen und daraus eine Vision entstehen zu lassen. Ein leuchtendes Bild, welches dich inspiriert und magisch – wie magnetisch – anzieht.

Die zentrale Frage lautet:
Was will ich wirklich, wirklich, wirklich erleben?

Diese dreimalige Wiederholung macht deutlich, worum es geht. Nämlich eingefahrene Denk- und Fragestrukturen zu verlassen, neue neuronale Bahnen im Gehirn anzulegen, alle Zwänge zur Seite zu schieben und vor allem aus der Matrix des Egos auszubrechen. Du bist frei. Und du bist genial.
Was willst du wirklich, wirklich, wirklich erleben? Was hältst du in deinem Leben für möglich? Was ist deine höchste Vision?
Folgender Hinweis kann dabei unterstützend sein:
Nimm die Position des Genius ein. Der Genius zeigt dir dein visionäres ZukunftsSelbst. Das bedeutet im Klartext, du erinnerst dich an deine eigene Zukunft. Das ist eine nach vorne gerichtete Erinnerung. Normalerweise erinnern wir uns immer an die Vergangenheit. An das, was bereits war. Doch der Genius macht eine vollkommen andere Form der Erinnerung möglich. Nämlich jene an deine Zukunft.
Lass das zu. Und lausche. Scanne die inneren Bilder. Das, was sich am besten anfühlt, das nimm an. Vergiss nicht, dass du ein neues Paradigma betrittst, nämlich das der Verbundenheit.

Beispiel

Nehmen wir an, das Bild deiner Vision zeigt dich beim Feiern. Ein Fest, wo Freunde und Gefährten mit dir deine Freude teilen. Du siehst, wie du tief in dir selbst angekommen und glücklich bist. Du weißt, was du feierst. Denn genau das war immer dein Traum. Genau das wolltest du vom Grunde deines Herzens erleben.

Jetzt nimm das gesamte Bild und stelle es in einen Rahmen mit einem Messingschild. Was ist dort eingraviert? Welche Worte tauchen auf und formen sich zu einem Satz? Wie lautet die Beschreibung, die all das für dich – nur für dich! – ausdrückt? Oder ist da einfach nur ein Symbol eingeritzt? Oder beides – lass dich überraschen.

Visionen sind nicht an eine scheinbar gegebene Realität gebunden. Ganz im Gegenteil. Alle großen Visionen haben herkömmliche Denkpfade verlassen. Wir sagen das, um dich zu ermuntern, groß zu denken. Mutig zu sein. Dein Sankalpa zur höchsten Blüte zu führen.

Nochmals: Es ist die Zukunft, die dein Handeln im Jetzt bestimmt. Diese Denkrichtung ist ungewohnt. Doch sie öffnet in dir einen MöglichkeitenRaum. Von der Zukunft her zu denken und zu fühlen kann dich begeistern. Und beflügeln. Es ist genau diese Begeisterung, die neue neuronale Bahnen in deinem Gehirn aktivieren. Lass deine Zukunft neu sein. Jungfräulich. Deine Zukunft muss keine Verlängerung des Altbekannten sein. Erfinde dich neu! Du hast das Potenzial dazu. Visionen kennen keine Grenzen.

Jwala's Sicht

Wir haben viele Menschen in unseren Workshops dabei begleitet, ihr Sankalpa zu finden. Es waren immer erhabene Momente, wenn sie es zum ersten Mal ausgesprochen haben. Unvergesslich!

Im gleichen Augenblick, wenn du dein Sankalpa findest, wird es auch dich finden: Ihr findet euch gegenseitig. Freue dich darauf. Du wirst es wissen. »Ich bin hier, um ...« Du spürst, ob das deine absolute Wahrheit ist. Für jetzt, in diesem Moment und für die nächste Etappe in deinem Leben. Bist du unsicher? Fühlt es sich nicht stimmig an? Dann forsche weiter. Ihr werdet euch finden, du und dein Sankalpa. Vertraue.

Mithilfe deines Sankalpa kannst du dich leichter deiner Vision öffnen. Karl verwendet gerne das Bild des Drachens, der im Wind flattert. Es ist so anschaulich: Wenn der Drachenlenker für dein Sankalpa steht, dann ist der Drachen oben am Himmel deine Vision. Der Drachenlenker lebt sein Sankalpa. Er hat verinnerlicht: Ich bin hier, um ...

Aus dieser Haltung heraus lenkt er den Drachen. Auf dem Drachen ist ein Bild gemalt. Es zeigt dich in deiner erfüllten Zukunft. Er ist sozusagen dein manifestiertes Sankalpa. Dein Traum von deinem Paradies auf Erden. Deine ureigene Vision.

Mache dir dieses Handwerkszeug zu eigen. Gönne dir dein Sankalpa und beschenke dich mit einer großen Vision. Du darfst dich genießen, wenn du dich auf deine eigene Fährtensuche begibst! Wenn du dich lebendig, spielerisch und leicht dabei fühlst. Zeige dir selbst, wie gut es tut, dich auf deine Vision

auszurichten und dich damit auf ein nährendes Ziel hinzube-
wegen. Wie gut es tut zu wissen, wohin du willst! Sei deine
eigene Meisterin, dein eigener Meister.

Ermächtige dich, genial zu sein.

Quintessenz

- ♠ Deine Vision sollte klar sein. Kein Mangel weit und
  breit.
- ♠ Begleite deine Vision schriftlich. Schriftlich oder nicht
  ist ein Unterschied wie Tag und Nacht. Oder wie
  zwischen Erfolg und Erfolglosigkeit.
- ♠ Die Vision ist das Bild der für dich erstrebenswerten
  Zukunft. Es sind Bilder, die uns leiten. Innere Bilder!
- ♠ Die Vision macht dich zur Wirkung deiner eigenen
  Ursache.

Vierte Erkenntnis

Erkenne deinen Weg

Du hast deinen Genius verankert und ihn in die richtige Position gerückt. Dein volles Potenzial hast du nun erkannt. Du bist deiner großen Vision begegnet. Nun geht es darum, den genialen Weg zu erkennen.

Betrachten wir zuerst den Weg aus der üblichen, uns allen vertrauten Perspektive. Diese ist wunderbar, bekannt und sehr praktisch.

Normalerweise planen wir den Weg. Wir nehmen dazu ein Blatt Papier und markieren zwei Punkte: A und B. Die kürzeste Entfernung zwischen ihnen, so denken wir üblicherweise, ist eine Gerade. Also ziehen wir einen Strich und das ist dann der Weg. In der Analogie vom Drachen und dem Drachenlenker wäre das die Verbindungsschnur. Wenn wir den Weg so planen, fragen wir uns als Nächstes: Wie kommen wir von A nach B?

Der bekannte Weg

1. Wir machen aus einer Vision ein Ziel. Das bedeutet, wir geben der Vision ein Datum. Damit wird die Vision zu einer konkreten Möglichkeit in Raum und Zeit.
2. Aus dem Ziel entsteht ein Projekt und diesem geben wir einen Namen und klären – wichtig – die Ressourcen. Die Frage lautet: Was haben wir und was brauchen wir, um dieses Ziel zu erreichen? Diese Inventur führt uns natürlich auch zu möglichen Partnern und Allianzen, klärt im Vorfeld erkennbare Fragen und lässt uns einen Maßnahmenkatalog erstellen.

3. Wir unterteilen das Ziel in einzelne Teilziele, die wir wiede-
    rum mit einem Datum versehen.

Wenn wir gut organisiert sind, halten wir alles schriftlich fest.
Wir haben nun einen Projektplan mit einem machbaren, ver-
nünftig geplanten Weg, den wir mit einer Verpflichtung zur
Aktion starten.

Dieser Plan funktioniert, wenn wir ein Haus bauen oder eine
Maschine fertigen. Dann macht das wirklich Sinn!

Die Grenzen des bekannten Weges

Können wir so auch unser Leben, unsere Beziehungen und Freundschaften, unsere Gesundheit planen? Nein. Definitiv nicht! Denn in all diesen Plänen steckt ein »wenn«. Wenn ... da nicht das Leben wäre, das sich auf unverschämte Weise weniger um unsere Pläne schert als uns lieb ist. Das Leben kümmert sich leider nicht so sehr um unsere mentalen Konstrukte, wie uns die vielen Mentaltrainer und deren Erfolgsbücher einzureden versuchen. Das ist ein Ärgernis, gewiss. Denn es hätte ja funktioniert, wenn da nicht gänzlich unerwartet – was kein Mensch vorhersehen konnte – dies oder jenes aufgetreten wäre.

Oftmals reagieren wir darauf, indem wir die Pläne noch genauer justieren. Noch härter arbeiten und mehr vom Gleichen tun. Oder indem wir das Kind mit dem Bade ausschütten und gänzlich auf alle Pläne verzichten. Was in keiner Weise die Botschaft dieser vierten Erkenntnis ist.

Die zentrale Botschaft

Was ist nun die zentrale Botschaft an dieser Stelle unserer Reise? Wir sind mehrdimensionale Wesen, die sich gleichzeitig durch verschiedene Dimensionen bewegen. Wir leben in inneren Häusern mit verschiedenen Stockwerken und sehr vielen Zimmern, die alle miteinander verbunden sind. Dieses innere Haus ist ein Hologramm, wo in jedem Teil das Ganze und das Ganze wiederum in jedem Teil enthalten ist.

Der Verstand hätte alles gerne einfach und klar geordnet. Doch so einfach ist es nicht. Natürlich können wir uns auf einer Ebene bewegen, einen Weg planen und auch umsetzen, wie wir ihn soeben beschrieben haben – von A nach B, aber das ist nicht das volle Leben! Die Versöhnung mit der Multidimensionalität ist die Lösung. Akzeptiere diese Situation und handle in 3 D. In Raumland. Das ist die Dimension, in der wir uns mit unserem physischen Körper befinden. Deshalb auch die Analogie mit dem Drachenbild, welches Länge, Breite und Höhe inkludiert. Genial wäre, darüber hinauszugehen! Daher beziehen wir Informationen aus anderen Räumen, anderen Dimensionen in ein genial gelebtes Leben mit ein.

Besuch bei Professor Einstein

Albert Einstein (1879 – 1955) gilt als eines der größten Genies, die jemals auf dieser Erde gewandelt sind. Persönlich war er ein höchst komplizierter und schwieriger Mensch, doch wissenschaftlich hat er unsere Weltsicht geprägt und verändert, wie kaum ein anderer. Es geht hier nicht darum, dass wir seine Theorien verstehen oder studieren, denn sie liegen gewissermaßen in der sozialen Luft, die wir atmen.

Wir greifen zwei seiner bekanntesten Aussagen auf. Nicht wörtlich, sondern sinngemäß.

Erstens erkannte er, dass nicht nur Raum und Zeit eng miteinander verknüpft und dass Wurmlöcher nicht nur zwei weit voneinander entfernte Raumgebiete sind, sondern dass sie auch – und das ist für uns besonders wichtig – verschiedene Zeitpunkte miteinander verbinden.

Als Wurmlöcher bezeichnen Quantenphysiker die Verbindungsgänge zwischen den Dimensionen. Dabei ist es so, dass die jeweils höhere Ebene die darunter liegende Ebene gestaltet. Flachland wird somit von Raumland gestaltet. Raumland von Zeitland. Zeitland von Quantenland. Es gibt viele Dimensionen. Alle sind miteinander verschränkt und durch Wurmlöcher verbunden!

Die zweite sinngemäße Aussage von Einstein ist: »Probleme kann man niemals mit derselben Denkweise lösen, durch die sie entstanden sind.« Wer das versucht, lebt nach Einstein eine Art Wahnsinn.

Alle Probleme entstehen aus der Denkweise der Getrenntheit. Um uns zu befreien, müssen wir diesen Überzeugungspanzer radikal sprengen! Die Idee der Getrenntheit ist die größte Hypnose der Menschheit.

Ergreifen wir nun die Chance und beamen wir uns in parallele Universen. In andere Dimensionen, in denen unsere Vision bereits existiert. Denn dieser Weg ist ein genialer Weg.

Sprung in eine höhere Dimension

Jetzt wird es spannend: Wieder nehmen wir ein Blatt Papier. Im oberen Drittel malen wir einen dicken Punkt und nennen diesen A. Im unteren Drittel malen wir ebenfalls einen dicken Punkt und bezeichnen diesen mit B.

Nun falten wir das Blatt und zwar so, dass die beiden Punkte aufeinanderliegen. Auf der einen Seite ist A – auf der anderen B. Jetzt bohren wir mit einem Stift bei den Punkten ein Loch in das Blatt. Damit haben wir die kürzeste Entfernung zwischen A und B.

Nehmen wir nun an, eine Raupe würde auf einer Seite des Blattes krabbeln, zufällig auf das Loch stoßen und hindurchschlüpfen. Die verdutzte Raupe wäre urplötzlich in einem vollkommen anderen Universum. Mehr noch, sie kann jetzt fliegen. Denn nun ist sie ein Schmetterling. Du hast verstanden: Das Loch zwischen A und B ist ein Wurmloch.

Die praktische Bedeutung

Diese Erkenntnis macht nur dann Sinn, wenn wir sie praktisch für ein gelingendes, erfolgreiches und gut gelebtes Leben nutzen. Sonst bleibt sie bestenfalls eine faszinierende Theorie.

Der praktische Wert ist, dass du dich von jetzt auf gleich in die Erfüllung deiner Vision versetzen kannst. Du kannst die Augen schließen und einen Sprung durch das Wurmloch machen, in jenes Paralleluniversum, in dem deine Vision Wirklichkeit ist. Das kannst du denken. Du musst es jedoch auch fühlen. Du schaffst damit ein Bewusstsein, in dem deine Vision bereits Wirklichkeit ist. Und du weißt, Bewusstsein ist das entscheidende Kriterium, um Realitäten zu erschaffen.

Zur Erinnerung: Das Potenzial ist eine unsichtbare Ordnung. Über zahlreiche Verschiebungen in der Realität, die wir niemals mit dem Verstand vorausberechnen können, ergeben sich Wege und Möglichkeiten in deinem wirklichen Leben. Das klingt magisch – ist jedoch genial.

Natürlich brauchst du dazu Vertrauen. Doch dieses Vertrauen ist sehend und nicht blind. Selbstverständlich erfordert es Mut. Und klarerweise kannst du, um deinen Verstand zu beruhigen, den Weg auch planen. Doch lass dieses Planen fließend sein. Wie ein offenes Werden. Öffne dich für Wunder und Zufälle. Mehr noch, lade diese ein, indem du dieses Wissen anwendest.

Zwischenspiel. Wo sind wir gelandet?

♠ Auf der Quantenebene gibt es keinen Weg im herkömmlichen Sinn.

♠ Im dreidimensionalen Raumland sehr wohl.

♠ Es liegt an dir, beide Realitäten gleichzeitig als wahr zu erkennen.

♠ Du hast das Tor entdeckt, das Quantenphysiker Wurmloch nennen.

♠ Du kannst pendeln zwischen deiner Umgebung im Raumland und in deinem Wunderland namens NeuLand.

♠ Je öfter du hin und her springst, desto tiefer verankert sich dieses Wissen in deinem Körper, deiner DNA und in deinem Bewusstsein.

♠ Dein multidimensionales Wesen erwacht.

♠ Faszinierend ist: Du kannst auf der Quantenebene den Weg für Raumland programmieren und bewusst eine Schiene legen. Es entstehen konkrete Bahnen aus der Quantenebene – dem Feld aller Möglichkeiten – in dein aktuelles Leben.

♠ Lege deine Schienen!

Lass dich darauf ein und du wirst erfahren, was geschieht, wenn alle Fesseln fallen. Halte inne. Gönne es dir. Erfahre mit all deinen Zellen, wie es ist, plötzlich ein Schmetterling zu sein.

Genieße es. Dehne dich darin aus. Verweile so lange darin, wie es sich für dich richtig gut und stimmig anfühlt.

Kommen wir auf das Blatt Papier zu sprechen, auf dem eine Raupe gekrochen ist. Fällt die Raupe durch das Wurmloch, verwandelt sie sich zum wunderschönen Schmetterling. Dieser kann fliegen. Er erlebt eine andere Dimension als die kriechende Raupe, die täglich in etwa das 300-Fache ihres eigenen Körpergewichts frisst und zu den gefräßigsten Tieren zählt.

Die NeuLand-Zeitreise – Programmierung des Weges

Bevor wir mit der Programmierung beginnen, ein paar Empfehlungen:

♠ Förderlich ist, diese Programmierung zu lesen und erst danach auszuführen.
♠ Eine wunderbare Unterstützung bietet dir die entsprechende App. (Siehe Anhang)
♠ Wichtig: Gehe das Ganze spielerisch, leicht und freudig an.
♠ Nimm dir genügend Zeit.
♠ Lege ein großes Blatt Papier und bunte Stifte bereit.

Fülle ist der natürliche Zustand in NeuLand. Diese Fülle ist das Potenzial. Da du in der Position des Genius bist, ist das dein aktueller Bewusstseinszustand.

Erster Schritt:
Du weißt, ein Sankalpa – verbunden mit einer starken Vision – kann nicht scheitern! Nimm als Analogie das Bild des fliegenden Drachens. Wir beginnen mit einer Visualisierung. Nimm dein Blatt Papier. Male als Erstes den Drachenlenker an den unteren Rand des Blattes und schreibe dein Sankalpa daneben. »Ich bin hier, um ... « Verinnerliche und spüre dein Sankalpa, bis du sagen kannst: Jetzt habe ich es!

Nun kommt deine Vision: Male einen fliegenden Drachen – noch ohne Schnur – in stimmigem Abstand zum Drachenlenker auf das Blatt. Der Drache symbolisiert deine Vision. Schreibe deine Vision neben den Drachen, male dein Symbol oder ein Bild in den Drachen. Du musst im Bild deiner Vision enthalten sein.

Zweiter Schritt:
Als multidimensionales Wesen begibst du dich nun auf eine spannende Zeitreise.
Begib dich zeitlich in das Bild deines fliegenden Drachens – in das Bild deiner Vision – und setze das Datum der Erfüllung fest. Damit wird aus der Vision ein Ziel. Sprich laut das Datum aus und schreibe es feierlich zu deinem Drachen. Vertraue deiner Intuition, dass das Datum stimmt.

Dritter Schritt:

Zeichne nun eine Schnur, welche Vision und Sankalpa verbindet. In unserem Bild den fliegenden Drachen mit dem Drachenlenker. Du hast das Datum, an dem sich deine Vision erfüllt, neben den Drachen geschrieben. Achtung: Gehe nun ein paar Tage weiter in die Zukunft. Nenne diesen Tag Y. Stelle dir nun vor, wie du einem Freund den Tag schilderst, an dem sich deine Vision erfüllt hat.

Folgende Fragen könnte dir dein Freund in Bezug auf das Datum der erfüllten Vision stellen:

♠ Woran hast du gemerkt, dass sich deine Vision erfüllt hat?
♠ Wie hast du dieses Ereignis gefeiert? Mit wem hast du gefeiert?
♠ Wie hast du dich gefühlt?
♠ Was war der magischste Moment, den du nie wieder vergessen wirst?
♠ Was war noch?

Mache dir dazu auf deinem Blatt Papier neben dem Drachen Stichpunkte.

Vierter Schritt:

Jetzt geht es darum, den Weg zu erkennen. Bitte beachte: Der Beginn des Weges – die Drachenschnur – ist jener Tag, an dem du diese Übung tatsächlich machst. Idealerweise heute. Wir nennen ihn den Tag X.

Gehe wieder zu Tag Y. Verankere dich dort. Dann stelle dir vor, wie du einem Freund die Geschichte der Erfüllung deiner Vision erzählst. Dazu schaue rückblickend auf den Tag X und auf die Schnur im Drachenbild. Mache dir bewusst, wie dich dieser Weg zu deiner erfüllten Vision führte. Dies ist eine Fantasiereise der Erinnerung.

Dein Freund könnte dir dazu nun folgende Fragen stellen:

♠ Wieso war Tag X der Wendepunkt?
♠ Welche Wahl hast du getroffen? Und wann?
♠ Welche Wunder sind daraufhin geschehen?
♠ Welche Knoten sind aufgegangen?
♠ Wie bist du mit Rückschlägen und Hindernissen umgegangen?
♠ Hattest du Zweifel, ob es gelingt?
♠ Was war noch wichtig?

Mache dir dazu Striche auf der Schnur, notiere das geschätzte Datum und halte das Wesentliche fest. Nutze unbedingt die Magie der Schriftlichkeit.

Nun lehne dich zurück. Mache es dir bequem und schaue dir dein fertiges Drachenbild zufrieden an. Der nächste Schritt ist der Höhepunkt.

Fünfter Schritt:

Schließe nun die Augen. Reise jetzt durch das Wurmloch in die Dimension der Zeit. Raum und Zeit sind verbunden. Erlebe die Realität deiner Vision. Was spürst du in deinem Herzen? Was in deinem Körper? Bewege dich wie ein Schmetterling in jener Dimension, in der deine Vision bereits Wirklichkeit ist. Dehne dich in der neuen Realität aus. Lass dir Zeit. Dies ist ein wichtiger Schritt deiner Programmierung.

Sechster Schritt:

Komme langsam wieder in dein Hier und Jetzt zurück und notiere dir das stärkste Wort, welches dich an diese Zeitreise erinnert. Denke nicht lange darüber nach. Mache es spontan. Dann verankere dieses Wort an deinem Körper mit einer einfachen Geste. Merke dir diese Verankerung.

Wann immer du später die erfüllte und gefühlte Wirklichkeit deiner Vision hervorrufen willst, berühre dich an der entsprechenden Stelle an deinem Körper. Wiederhole das von Zeit zu Zeit. Schenke deinem Drachenbild einen Ehrenplatz. Beobachte die Erfüllung in die Realität hinein und handle entsprechend.

Genieße sie überglücklich!

Jwala's Sicht

Seitdem ich unterwegs bin, lasse ich mich vom Licht leiten. Ich folge dem Ruf des Lichtes. Genau genommen ist es die Liebe, die mich ruft. Ich durfte lernen, mit dem Herzen zu hören. In Liebe sind wir miteinander verbunden, sind wir eins mit dem Größeren und jede Trennung ist eine Illusion. Ja, unsere Körper sind voneinander getrennt, denn eine Verschmelzung ist weder möglich noch sinnvoll.

Doch über unsere 3D-Welt hinaus sind wir frei und in Liebe vereint. Und in diesem Einssein öffnen sich Türen zum Feld aller Möglichkeiten. Hier bin ich Mitschöpferin, bist du Mitschöpfer und gemeinsam gestalten wir unser NeuLand. Unser Paradies auf Erden.

Quintessenz

♠ Unsere Wesensnatur ist multidimensional.

♠ Die Dimensionen sind miteinander verschränkt und wirken ineinander.

♠ Unsere Gedanken und damit unsere Visionskraft kennen keine Begrenzungen und bewegen sich außerhalb von Raum und Zeit – in allen Dimensionen.

♠ Mittels unserer Gedanken und Gefühle können wir Situationen und Ereignisse in unser Jetzt rufen.

♠ Wir erinnern uns an unsere Zukunft und ziehen sie dadurch in unser Jetzt.

♠ In der Versöhnung mit dem Paradoxen liegt das Heil.

Fünfte Erkenntnis

Erkenne deine Hindernisse

Das Geschenk der Hindernisse zeigt sich oft erst auf den zweiten oder gar dritten Blick. Aus Gewohnheit neigen wir dazu, Hindernisse sofort weghaben zu wollen. Doch denken wir an das Küken in der Eierschale. Ohne die Kraft, die das Küken entwickeln muss, um das Hindernis der Schale zu sprengen, wäre es nicht überlebensfähig.

Für jeden Menschen sind seine Hindernisse eine Herausforderung. Uns geht es darum, die verborgene Botschaft dahinter aufzudecken, um das Geschenk darin zu erkennen. Wir nähern uns diesem Ziel, indem wir einige der zentralen Hindernisse betrachten.

Die Projektionen

Es gibt einen Mechanismus in uns, der das, was in uns unheil ist, sofort auf jemand anderen projiziert. Erinnere dich: Ein Ego kann nur ein anderes Ego sehen. Gänzlich ohne Projektion zu sein ist – offen gesagt – schwierig. Doch sobald wir die Projektion durchschauen, können wir die Kraft, die darin gebunden ist, wieder zu uns zurückrufen und diese von einer schädigenden in eine heilende Kraft umformen.

Diese heilende Kraft hilft uns, den nächsten Schritt zu tun. Die schädigende Kraft dagegen hält uns davon ab und sagt: »Zuerst musst du dich ändern!« Oder: »Du bist schuld.«

Die Welt ist ein Spiegel, der unser Inneres reflektiert. Der Zustand der Welt im Gesamten spiegelt den Zustand der

Menschheit. Das können wir auf Länder herunterbrechen, auf Organisationen, auf Firmen, auf Gruppen, auf Familien bis hin zur kleinsten Einheit – auf jeden Einzelnen von uns. Jeder lebt in seiner Welt. Die Welten korrespondieren miteinander und beeinflussen sich gegenseitig. Denn alles ist mit allem verbunden.

Die Projektion bringt den Fluss der Verbundenheit zum Stocken. Daher geht es darum, die Lernbotschaft und das Potenzial in der Situation zu erkennen. Nimmst du die Projektion zurück, indem du sie durchschaust, beginnt sich die Situation zu bewegen.

Diskutieren, debattieren, anklagen ... all das hält dich in der Projektion gefangen. Doch ein schöpferischer Dialog, der die Hintergründe beleuchtet und sie dir bewusst macht, kann eine Lösung sein. Es mag dauern, doch über kurz oder lang verändert sich die äußere Situation. Vertraue darauf.

Das Vergessen

Es gibt so etwas wie eine Gravitation der Gewohnheiten. Das Gewohnte, das tausend Mal Gedachte und oftmals Wiederholte hat eine eigene Schwerkraft. Auch, weil wir umgeben sind von Menschen, die das Gewohnte zu ihrer Wahrheit gemacht haben. Zu dem Kokon, in dem sie leben.
Wenn wir nicht aufpassen, nicht wach sind, übernimmt die Schwerkraft der Gewohnheit das Zepter. Sie zieht uns hinab in die altbekannten Denkweisen mit dem vertrauten Bewusst-

seinszustand. In diesem erleben wir uns normalerweise als getrennte Wesen, die nicht mit dem Genius verbunden sind. Auch wenn wir wissen, dass wir die Schöpfer unserer Umstände sind, so verlieren wir dieses Wissen im Trubel des Alltags immer wieder.

Solange wir in einer Situation verwickelt sind, hat uns diese Situation im Griff; ob wir das wollen oder nicht. Die Situation entfaltet ihre eigene Dynamik und legt, sinnbildlich gesprochen, Spinnfäden um uns.

Die Lösung aus dem Vergessen lautet somit: Wach auf. Erinnere dich. Wechsle die Ebene. Gehe in die Stille. Halte einen Moment das Nicht-Wissen und das Nicht-Tun aus. Fokussiere dich auf Lösungen und erinnere dich: »Das, was ich sehe, ist eine Lösung.«

Der innere Dialog

Unser innerer Dialog programmiert uns mehr, als uns lieb ist. Der innere Dialog ist gefüllt mit Kommentaren, die wir uns selbst geben. Zum Hindernis wird der innere Dialog, wenn Ängste hinzukommen. Denn dann erzählen wir uns dunkle Geschichten, die keinem guttun.

Diese Geschichten entstehen oft aus der uneingestandenen Angst, aus Bedürftigkeit oder aus dem Zweifel. Es sind Emotionen, die wir nicht spüren wollen. Daher sperren wir sie in den finsteren Keller ein, irgendwo tief in unserem Inneren, dort wo wir sie mit einem Mantel zudecken können. Wie in der zweiten Erkenntnis besprochen, bildet die Sammlung der emotionalen Themen ein Schattenreich.

Das Durchschauen der herausfordernden Themen macht uns die Projektionen bewusst. Durch waches und ehrliches Hinterfragen werden diese ersetzt, dadurch öffnet sich der Raum für das erlösende Fühlen und wir erhalten die Fähigkeit zurück, erfolgreiche und geniale Geschichten zu schreiben. Es gehört Mut dazu, in den Spiegel der dunklen Geschichten zu schauen. Daher ist Mut eine der höchsten spirituellen Tugenden.

Die Geschichte der Angst

Von allen Hindernissen ist Angst wohl das mächtigste Hindernis. Unser Eindruck ist, alle anderen Hindernisse sind aus dieser hervorgegangen. Angst ist die grundlegende Erzählung der Enge, der Isolation und des Nicht-Verbundenseins. Angst lähmt und hindert uns, den nächsten Schritt zu gehen.

Tatsächlich führt der Schritt aus der Angst heraus zu einer Befreiung.

Wenn dich die Angst umklammert, dann triff die Entscheidung, die Angst zu bejahen. Verleugne sie nicht. Atme in die Angst hinein. Zeige sie deinem Herzen und nimm sie an, wie eine Mutter ihr weinendes Kind. Wichtig ist, dass du dein Gefühl mit deinem Atem in langen Zügen verschmelzen lässt. Fühlen heißt das Zauberwort. Es mag seltsam klingen, doch mehr ist nicht zu tun. Durch dieses mitfühlende Atmen öffnet sich die Enge der Angst und verliert sich in der Weite des Lebens. Dies ist die geniale Art, mit Ängsten umzugehen.

Hindernisse sind Botschafter der Liebe

Im tiefsten Sinne sind Hindernisse Botschafter der Liebe, die dich auffordern, deinen Weg zu ändern. Sie machen dir deutlich, dass du dabei bist, von deinem Weg abzukommen, und sie rufen dir zu: »Halt. Hindernis.«

Das Geschenk aller Hindernisse ist die Aufforderung, sich mit seinem Schatten zu beschäftigen. Wir alle gehen durch die Nacht der Seele. Das bleibt keinem Menschen erspart. Die Frage ist eher, wie wir da durchgehen.

Wenn wir den Segen annehmen, den uns die Erkenntnis der Hindernisse bringt, dann verwandeln wir uns von einseitigen Lichtjägern zu Menschen, die den Genius im Licht wie im Schatten sehen. Gleichzeitig sind wir fähig, mit unserem Bewusstsein immer wieder in die nächste Dimension zu reisen, in die Dimension der Zeit. Denn dort können wir Hindernisse annehmen, bereinigen und auflösen!

Durch das Wurmloch in die Lösung

Die Idee dahinter ist diese: Wir können uns mit unserem physischen Körper nur im Raum bewegen. Von Berlin nach München, von Zimmer zu Zimmer, von Ort zu Ort. Der Zeitpfeil fliegt in dieser Dimension waagrecht. Von der Vergangenheit in die Gegenwart in die Zukunft. Du siehst dich als Kind, als Jugendlicher, als Erwachsener. Das ist bei jedem Menschen so. Ausnahmslos.

In die Dimension der Zeit kommen wir, indem wir mit unserem Bewusstsein durch das Wurmloch reisen. Sind wir dort, ist alles gleichzeitig und wir können uns in die Zonen der Vergangenheit wie in jene der Zukunft bewegen. Wir bewegen uns in der Dimension der Zeit wie in einem Raum!

Reisen wir in die Vergangenheit, können wir das Wissen der Ahnen nutzen, die wir möglicherweise selbst sind. Reisen wir in die Zukunft, können wir potenzielle Möglichkeiten anzapfen und diese mit dem dreidimensionalen Raum verbinden. Durch die beiden Formulierungen von Einstein haben wir die Erkenntnis bereits vorbereitet und deutlich gemacht. Nutzen wir nun diese und denken wir daran, dass man ein Hindernis niemals mit der gleichen Denkweise lösen kann, mit welcher wir es produziert haben. Verbinden wir also Raum und Zeit auf geniale Weise miteinander und beseitigen dadurch sabotierende Hindernisse.

Übung: Auflösung von sabotierenden Hindernissen

Dies ist eine der machtvollsten und wundersamsten Übungen, die wir kennen und anwenden! Lies sowohl die Anleitung wie den nächsten Schritt zuerst aufmerksam durch und prüfe rigoros ehrlich, ob du das machen willst. Nur wenn deine Absicht glasklar ist, wird sich die Kraft entfalten. Wenn du das halbherzig angehst nach dem Motto: »Schauen wir mal, dann sehen wir schon« – dann lass es bitte.

Wisse, es wirkt. Nimm dir für dieses kurze Ritual bitte ein paar Minuten Zeit.

- ♠ Stelle dir vor, du bist in einem tibetischen Tempel auf über 3.000 m über dem Meeresspiegel. Die Luft ist klar und rein. So ist auch dein innerer Zustand. Klar, rein, hellwach und tief entspannt.
- ♠ Du befindest dich im Raum höchster Selbstachtung.
- ♠ Lass die Augen geöffnet und reise als Meister durch das Wurmloch in die Dimension der Zeit.
- ♠ Dort angekommen aktiviere nochmals den Genius.
- ♠ Sprich nun laut folgende Absicht aus: »Alle sabotierenden Hindernisse werden gelöscht. Jetzt.«
- ♠ Sprich weiterhin laut und fühle Dankbarkeit in dir: »Danke, dass es geschehen ist!«
- ♠ Beende mit einer kleinen spontanen Geste dieses mächtige Transformations-Ritual.

Der nächste Schritt

Du hast damit einen Prozess gestartet, über dessen Auswirkungen du nur staunen wirst. Und wisse, diese Bereinigung wird nicht immer nur leicht sein. Deine sabotierenden Hindernisse können noch einmal an die Oberfläche kommen und Heilkrisen auslösen. Das kann sein – muss jedoch nicht sein. Doch sei darauf gefasst und bereit dazu. Du brauchst das Ritual nur einmal absichtsvoll auszuführen.

Wichtig: Bitte mache dir am Tag des Rituals eine Notiz in deinen Kalender mit Datum und Uhrzeit, denn ab diesem Tag verändert sich alles für dich.

Jwala's Sicht

Die Reise nach NeuLand ist eine spirituelle Reise. Karl sagt: »NeuLand ist ein Bewusstseinszustand«. Doch was bedeutet das für uns als Reisende? Wie sollen wir unseren Weg erkennen, wenn schon ein Sandkorn im Auge die Sicht unmöglich macht? Beruhigend ist: NeuLand hört nicht auf zu existieren – selbst wenn wir es einen Moment lang vor lauter Hindernissen nicht sehen können. Es geht nun nicht mehr um das Sehen, sondern um das Erkennen. Es gilt zu erkennen, welche dunklen Geschichten uns am Weiterkommen hindern.

Doch die Hindernisse sind nicht im Außen, sondern tief in unserem Inneren zu finden.

Erkenne die Hindernisse bedeutet zuallererst: Halte inne! Begib dich ins Nicht-Tun, denn dann gibt es keine Unklarheit mehr im Tun.

Sich in den Zustand des Seins zu begeben, erfordert in erster Linie frei zu sein von oberflächlichen Aktivitäten. Werde still. Beruhige deine Gedanken und bitte darum, dass du die Hinweise als Wegweiser für deine weitere Reise erkennst. Finde deine Wahrheit in deinem inneren Raum.

Willkommen in NeuLand!

Quintessenz

- ♠ Erkenne das Hindernis und du erkennst die Botschaft.
- ♠ Ein Hindernis kann niemals mit der gleichen Denkweise gelöst werden, mit welcher es entstanden ist.
- ♠ Durch den Wechsel der Ebene bzw. der Dimension ziehen wir die Lösung in unser Leben.

Sechste Erkenntnis

Erkenne den Fokus

Die Kunst des Fokussierens besteht darin, die Sichten verschiedener Dimensionen des Bewusstseins zu bündeln. Das Wort Fokus kommt aus dem Lateinischen und bedeutet Feuerstelle. Wie ein Laser elektromagnetische Wellen zu einem Strahl von außerordentlich hoher Intensität bündelt, richten wir unser Bewusstsein auf unsere Vision und dem, was wir erreichen möchten. Die Kraft eines Lasers, die aus Bündelung, Beständigkeit und Ausrichtung kommt – also aus Fokussierung – ist gigantisch. So können beispielsweise dicke Stahlplatten mit einem Laserstrahl durchschnitten werden.

Diese enorme Fähigkeit der Bündelung, Beständigkeit und Ausrichtung liegt auch in unserem Bewusstsein und wird durch den Fokus erreicht.

Energetisch gesehen richtet der Fokus die Aufmerksamkeit aus – Energie folgt der Aufmerksamkeit – und entzündet das Feuer der Bewusstheit an der passenden Stelle. Der Fokus ist somit der Brennpunkt, der Mittelpunkt des Interesses, die Pointierung oder auch der Laser, der sich auf das Kernthema ausrichtet. Konzentriert und beständig.

♠ Wer richtet den Fokus aus? – Du in Verbindung mit dem Genius.
♠ Worauf richtet der Genius den Fokus? – Grundsätzlich auf Gelingen und Erfolg.
♠ Welche Energie erfordert Erfolg? – Erfolg erfordert eine Vorher-Energie!

Vorher-Energie

Erfolg als eine »Vorher-Energie« zu bezeichnen, stellt unsere herkömmliche Sicht komplett auf den Kopf. Normalerweise sagen wir: Erfolg ist das, was folgt. Doch das sieht der Genius genau umgekehrt! Bevor du ein Projekt beginnst, ist sich der Genius als Schöpferkraft seines Erfolges bereits gewiss. Lade dich daher mit dieser genialen Erfolgsenergie auf. Gleich zu Beginn. Direkt beim Start eines beschlossenen Projektes. Du fühlst dich in deinem inneren Bild als siegreich. Du siehst dich bereits erfolgreich. Vorher!

Somit hält es der Genius wie die geheimnisvolle chinesische Krieger-Philosophie SunTsu, in der das Phänomen der Vorher-Energie folgendermaßen beschrieben wird: »Die siegreichen Truppen beginnen zu siegen, bevor sie kämpfen.«

Nutzen wir das für uns. Denn das Gleiche gilt für den Erfolg. Die Energie des Erfolgs ist in dem Moment da, in dem wir den Fokus aktivieren und ausrichten. Diese Energie ist spürbar. Sie entzündet das Feuer. Daher heißt es in der chinesischen Kunst zur richtigen Strategie: »Wahrhaft siegt, wer nicht kämpft.« Denn der Kampf ist ein Hindernis. Der Genius weicht deshalb auf eine andere Denkweise aus und findet dort die Lösung durch Bündelung, Beständigkeit und Ausrichtung.

Beständigkeit bedeutet: Dranbleiben. Das Ziel fokussiert im Auge behalten, ohne sich daran zu klammern. Das Leben will fließen und sich entfalten. Jede Form von Verkrampfung vermindert die Freiheitsgrade. Der Fokus steigert deutlich die

Freiheitsgrade, haftet nicht an, weil er sich seines Erfolges bereits gewiss ist, und gleichzeitig richtet er den Fluss aus.

Um die Macht des Fokus noch deutlicher herauszuarbeiten, können wir diesen auch mit einem Brennglas vergleichen, das die Strahlen der Sonne bündelt. Richten wir das Glas über eine kurze Zeit beständig auf ein Stück Holz, so beginnt dieses mit Sicherheit zu brennen. Dieses Wissen symbolisiert die Vorher-Energie des Erfolgs.

Unser gesamtes Leben ist ein Komplex aus Kräften, die aus unterschiedlichen Dimensionen einstrahlen und sich im Fokus bündeln. Der Fokus ist immer auf Erfolg ausgerichtet. Und das Feuer ist ein Symbol für das Licht. Für das Licht der Bewusstheit.

Was ist Erfolg?

Aus der Sicht des Genius ist Erfolg »Gedeihen«. Gedeihen ist ein fließendes, offenes Werden. In ihm zeigt sich die Dynamik des Seins als eine permanente Bewegung, die stets Gegensätze verbindet, löst und wieder neu ausrichtet. Es ist ein immerwährender Prozess in Richtung eines besseren Werdens. Ein Fließen, dem der Fokus eine Richtung gibt.

Erfolg ist also nicht starr, sondern eine Bewegung. Der Genius richtet den Fokus auf den Fluss deines Lebens aus, damit dieser gedeiht. Du steuerst, in dem du mitfließt und gleichzeitig deinen Fokus auf dein Sankalpa und deine große Vision richtest.

Als Geschenk präsentiert dir der Genius Hindernisse, die dich erinnern sollen, falls du in die Irre gehst. So kannst du deinen Kurs jederzeit korrigieren, wie bei der ersten Erkenntnis besprochen.

Auf diese Art lernst du, dir nicht länger selbst im Wege zu stehen. Denn Hindernisse sind deine Freunde, die eine Nachricht für dich haben. Du erkennst den Weg und hast gleichzeitig die Hintergründe und Dimensionen des Weges erkannt, der ihn erfolgreich macht. Der Fokus hilft dir, auf deinem Weg ausgerichtet zu bleiben und damit erfolgreich zu sein.

Wenn du so Erfolg verstehst, bist du in jenem Zustand angekommen, in dem sich ein Erfolg an den nächsten reiht. Denn du hast verstanden, dass das Leben so etwas wie Misserfolge nicht kennt.

Das ist dein Tag!

Lass zu, dass er zu einem großen Erfolg wird. Denn endlich erfasst du Erfolg so, wie er gemeint ist: als eine Geschichte des Erfolges, die dein Leben beschreibt!

Das Gesetz des Erfolgs

Gib, was du haben möchtest – ist das uralte, weise Gesetz des Erfolgs. Faszinierend ist, die Welle deines Erfolgs steigt, sobald du andere Menschen ermutigst, befähigst und ermächtigst, ebenfalls erfolgreich zu sein. Teile also das Geheimnis deines Erfolgs. Du wirst mit Gewissheit ein Mehr an Erfolg ernten!

Die Kunst des Fokus

Um die *Erkenntnis des Fokus* in deinem Leben genial anwenden zu können, bedarf es der Kunst der Konzentrierung wie der Dezentrierung. Die erste Kunst ist uns sehr bekannt – die zweite haben viele vergessen.

Konzentration ist die Kunst des Weglassens. Alles, was nicht wirklich erforderlich ist, fällt weg. Dazu braucht es Unterscheidungsvermögen. Konzentration ist wie ein Messer, das alles Überflüssige wegschneidet. Jeglicher unnötige Ballast, den du mitschleppst, wird vom scharfen Blick der Konzentration ausgeschieden.

Das Wort Konzentration kommt vom lateinischen »concentra« und bedeutet: zusammen zum Mittelpunkt. Alles in dir richtet sich auf eine Sache aus. Darauf legst du den Fokus. Konzentration ist eine geistige Fähigkeit, die deinen Willen ebenso ausrichtet wie deinen inneren Dialog. Dieser bestimmt dein Fühlen, dein Denken, deine Sprache und dein Handeln. Achtung: Der Genius erfasst Fühlen und Denken und alles andere nicht als getrennt, sondern als verbunden. Konzentration fixiert den Blick und spannt alle Sinne in eine Richtung. Um dich zu konzentrieren, musst du wach sein und die Balance zwischen Spannung und Entspannung finden.

Es ist wie in der Kunst des Bogenschießens. Würdest du den Bogen über das Maximum hinaus anspannen, reißt er. Ist er nicht bis zum Äußersten gespannt, erreichst du nicht das Optimum. Dieses Beispiel ist auf den Fokus übertragbar.

Jetzt kommen wir zur Dezentrierung, der absichtsvoll gewählten Entspannung. Bei der Dezentrierung laden wir den anderen Pol ein. Wir nehmen die Fixierung zurück, um mit weichem Blick den gesamten Raum wahrzunehmen. Den Kreis zu sehen. Die Ränder wahrzunehmen. Dezentrieren verhindert Scheuklappen.

Dezentrieren ist die Fähigkeit loszulassen, jegliche Fixierung wieder aufzugeben, damit die Energie der Konzentration – das Feuer des Fokus – seine Wirkung entfalten kann. Dezentrieren bedeutet, dem Prozess des offenen Werdens Raum zu geben. In gewissem Sinne wendet sich der Fokus der Leere zu, um der schöpferischen Kraft des Lebens den Vortritt zu geben.

In der praktischen Anwendung sieht das so aus: Konzentriere dich für höchstens zwei Stunden. Dann lege absichtlich eine Dezentrierung ein. Eine Minute kann genügen. Einige tiefe Atemzüge. Mehrmals bewusstes Schließen und Öffnen der Augen. In die Stille sinken. Nichts tun. Das Schlüsselwort heißt: bewusst. Danach kann wieder eine Phase der Konzentration folgen. Die nächste Dezentration sollte mindestens eine halbe Stunde dauern. In diesem Rhythmus zu arbeiten ist genial. Du bleibst verbunden mit deinem vollen Potenzial und kannst sehr lange und überaus effizient arbeiten. Reite die Welle der Konzentration und der Dezentration.

Tag und Nacht

Konzentration ist wie der Tag. Im Licht des Tages entstehen die Dinge. Dezentration ist wie die Nacht. Im Schutz der Nacht kann sich das Potenzial aus sich heraus entfalten und Möglichkeiten erwecken, die im Licht des Tages gepflückt werden.

Die Nacht ist dem Tag gleichwertig. Manche vergeuden ihre kostbaren Nächte, weil sie dem Schlafen keine geniale Qualität zumessen. Doch obwohl der Körper schläft, schläft unser Bewusstsein mit Sicherheit nicht. Wenn wir das wissen, können wir unsere Nächte dazu nutzen, den Genius auf die Reise zu schicken, damit er uns am nächsten Morgen mit frischen und genialen Ideen und Möglichkeiten versorgt.

Vereinfacht könnten wir sagen: Der Tag ist zum Denken, Fühlen und Handeln da. In der Nacht hingegen werden wir aufgeladen mit neuem Wissen, mit Inspiration, mit dem Bewusstsein über Verbindungen, die uns während des Tages nicht immer deutlich sind. Der Genius kann zu jeder Zeit durch Wurmlöcher in die verschiedensten Dimensionen reisen.

Doch die Übergänge, die Zeiten der Dämmerung, wenn die Nacht sich dem Schlaf zuneigt und der Morgen dem tätigen Tun – das sind die besten Momente für die Inspirationen des Genius. Nutze diese Zeiten. Lausche. Und behalte diese besonders kreativen Momente im Fokus.

Ein weiterer Aspekt

Der Fokus unterstützt dich dabei, den Blick ausgerichtet auf das Gedeihen zu halten. Auf das nährende Feuer, welches in dir brennt. Der Fokus ist auf den Fluss deines Lebens ausgerichtet, haben wir weiter oben gesagt. Somit auf deine Vision, deine inneren Bilder und dem Ruf, dem du folgst.

Das Geschenk des Fokus ist, dich dabei zu unterstützen, an einer Weggabelung die für dich richtige Entscheidung zu treffen.

Tatsächlich ist es so, dass unser Alltag gefüllt ist mit Einladungen und Ablenkungen. Wie Pfeile prasseln E-Mails, SMS, Nachrichten, Angebote, Werbung, Verführungen aller Art auf uns ein. Und manche von diesen Einladungen sind so verlockend, dass wir die Unterstützung des Fokus brauchen, um auf unserem eigenen Weg zu bleiben und unserem Herzensanliegen treu zu sein.

Die Schattenseite des Fokus ist, dass wir zu starr werden, zu fixiert, zu dogmatisch und alles andere ausblenden. Um zu prüfen, ob wir auf dem rechten Weg sind, brauchen wir uns nur zu fragen, ob das Feuer der Bewusstheit in uns brennt. Ob wir innerlich frei sind.

Der Fokus, der ja sprachlich von einer Feuerstelle kommt, lädt uns ein, den Kreis unseres Lichtes zu erweitern und über die Matrix des Egos in die Weite hinauszugehen, dorthin, wo das Unbekannte ist.

Das Unbekannte

Das Unbekannte ist im Grunde der Geist, der wir sind. Und damit der Genius, der sich durch uns ausdrückt. Wir gehören zur Generation der großen Wende, die den Opfer-Modus verlässt und den Schöpfer-Modus betritt. Das hat jeder Einzelne für sich zu tun und gleichzeitig tun es viele.

Diese große Aufgabe und Herausforderung kann uns destabilisieren und verwirren. Die Gefahr ist gegeben, dass wir die Orientierung verlieren. Daher gilt es, das Geschenk des Fokus zu erkennen. Dieser gibt dir Halt, Ausrichtung und Verbindung. Der Fokus nährt dein inneres Feuer. Hält dich auf deinem Lebensweg.

♠ Der Fokus verankert dich in der Position des Genius.
♠ Der Fokus verbindet dich mit deinem vollen Potenzial.
♠ Der Fokus hält deine Vision lebendig.
♠ Der Fokus erinnert dich an den Weg, den du erkannt hast.
♠ Der Fokus zeigt dir den Himmel über den Hindernissen.
♠ Der Fokus ist das Licht, das dich mit dem Genius und dem Erfolg deiner Lebensreise verbindet.

Jwala's Sicht

Bleibe dran. Gib dem Zweifel keinen Raum. Höre mit dem Herzen. Sei verbunden. Erkenne den Fokus heißt auch: Zentriere dich. Und Zentrierung heißt: Ausrichtung auf ein Zentrum und damit auf einen Mittelpunkt. So bin ich also wieder bei meinem Inneren gelandet. Besser gesagt: bei meiner inneren Zeugin. Sie hilft mir, mein Sankalpa zu leben und meine Vision nicht zu vergessen. Ich bin hier, um ...

Meine innere Zeugin unterstützt mich, bewusster zu sein. Wacher und liebevoller. Sie hütet mit ihrer Fackel das Tor zu meinem Herzen und lässt mich in der Liebe sein.

Manchmal gelingt es mir nicht. Da kämpfe ich mit den Schatten und es tut gnadenlos weh. Und dann erkenne ich, was erkannt werden will. Weil es sich endlich erlösen will. Weil es eins sein will. Weil es in der Liebe sein will.

Quintessenz

♠ Der Fokus lenkt, bündelt und richtet das Bewusstsein aus.

♠ Die Kunst besteht darin, den Fokus zu halten und gleichzeitig beweglich und fließend zu bleiben.

♠ Erkenne die transformierende Kraft des Fokus und nutze diese für ein umfassendes Gelingen in deinem Leben.

Siebte Erkenntnis

Erkenne
die
Resonanz

Resonanz bedeutet: Zwei Pole kommunizieren miteinander. Das komplexe, vielschichtige Wesen des Menschen ist der eine Pol. Der andere ist die Quelle. Du kannst die Quelle natürlich auch Gott, Tao oder Großer Geist nennen.

Resonanz kommt vom lateinischen »resonare« und bedeutet: widerhallen. In unserem Fall ist damit die Schwingung zwischen den beiden Polen gemeint. Ebenso natürlich die Frequenz. In welcher Wellenlänge schwingen die beiden Pole zueinander und wie ist der Widerhall, das Echo, welches dir das Leben in Fülle zuspielt? Erkennst du die Resonanz, so erkennst du das Geheimnis der Meisterschaft!

Für die Erforschung der Resonanz lauschen wir einem der größten Meister, der jemals über diese Erde gewandelt ist: Laotse.

> »Der Meister erledigt seine Arbeit und hält dann inne.
> Er begreift, dass das Universum sich für immer
> der Kontrolle entzieht, und dass der Versuch,
> die Ereignisse zu beherrschen,
> gegen den Strom des Tao geht.«[2]

Was ist die Arbeit des Meisters? Sein Leben als Kunstwerk zu formen. Den Samen, der bereits bei der Geburt angelegt wurde, im Laufe des Lebens zur höchsten Blüte zu entfalten. Es ist der Spannungsbogen zwischen dem Sankalpa und der höchsten Vision. Beide verändern sich natürlich im Laufe des Lebens, da das Verständnis wächst und die Entwicklung voranschreitet.

Der Meister, das bist du und dein Verbündeter ist der Genius. Nun geht es darum, den vielschichtigen, an mancher Stelle paradoxen und widersprüchlichen Chor der Erkenntnisse in dir zu vereinen und damit in Resonanz zu gehen. Das Leben ist nicht logisch. Die Natur kennt keine geraden Linien und das Universum entzieht sich deiner Kontrolle. Das ist ein schwerer Schlag für das Ego.

Gleichzeitig existiert ein Kosmos und Kosmos heißt Ordnung. Es gibt eine Ordnung, die sich im Fluss des Tao natürlich entfaltet. Damit in Resonanz zu sein, das ist Meisterschaft. Die siebte Erkenntnis ist die Stufe der Meisterschaft.

Die Meisterung der Frequenz

»Wenn du das Universum verstehen willst, dann denke in Kategorien wie Energie, Frequenz und Vibration.«
Nikola Tesla (1856 – 1943)

Wenn du die Frequenz in dir anhebst, schwingt dein gesamtes Wesen höher.

Wie du die Frequenz anhebst? Ganz einfach, in dem du jede Erkenntnis anwendest. Das ist der Meisterschlüssel. Wir Menschen sind frequenzspezifische Wesen. Wir ziehen magnetisch das an, was mit uns in Resonanz ist.

Die höchste Frequenz hat das klare Licht der Liebe. Richte darauf deinen Fokus. Das Licht ist in dir. Gott ist in dir. Alles ist in dir. Drücke dein volles Potenzial aus. Erkenne dich als Meister, der übt. Oder als Meisterin, die übt. Erkenne dich.

Synchronizität

Wieder wählen wir den Ursprung eines Wortes als Weg. »Syn« sagten die alten Griechen und meinten »zusammen«; »chron« bedeutet »in der Zeit«. Wir gehen also den Weg im Raumland, verschränkt mit der Dimension der Zeit. Die Zeit ist die formgebende Dimension.

Synchronizität offenbart eine verborgene Ordnung und zeigt ein sinnvolles Zusammentreffen kausal nicht verbundener Geschehnisse. Mit kausal ist ein Ursache-Wirkungs-Mechanismus gemeint. Beispiel: Ich nehme einen Bleistift und lasse diesen fallen. Ursache und Wirkung sind vollkommen klar.
Das ist bei der Synchronizität nicht so. Doch gleichzeitig macht das Zusammentreffen zweier Ereignisse Sinn. Mehr noch: Es offenbart sich uns als höchstes Glück. Synchronizität ist unser höchstes Glück! Wenn dies geschieht, sagen wir: »So ein Zufall!«

Wir können uns dieses Zusammentreffen überhaupt nicht ausdenken. Doch wenn wir den Fokus darauf richten und wach sind, entwickeln wir ein Gespür für Synchronizitäten. Und siehe da, je öfter wir es anwenden, je feiner wir uns darauf ausrichten, desto genialer werden diese. Synchronizität erfordert von uns die Tugend des freudigen, neugierigen Staunens.

Im Licht der Synchronizität wird der Zufall zum Meister des Augenblicks. Die Essenz einer Synchronizität liegt darin, dass der entsprechende Zufall für dich, den dieser Zufall trifft, sowohl Sinn macht als auch einen Wert besitzt. Das ist magisch, nicht wahr? Für jemand anderen mag das überhaupt keinen Wert haben – dein Nachbar nimmt es gar nicht wahr – doch bei dir fallen die Glücksgroschen.

Was ist der Nutzen für dich?

Der Nutzen liegt darin, dass du deinen Fokus von Ursache-Wirkungs-Mechanismen weitgehend abziehst und in erster Linie auf Synchronizitäten achtest. Da der Genius dein Verbündeter ist, werden diese beinahe sprunghaft zunehmen. Du kannst diese allerdings nur erkennen, wenn dir deine Vision und dein Ziel klar sind. Denn du brauchst für Synchronizitäten einen Bezugspunkt. Daher empfehlen wir so oft: Nutze die Schriftlichkeit! Vermeide das Hindernis des Vergessens.

Schreibe dir deine vorrangigen Ziele auf. Gehe damit in die Zukunft und erinnere dich an deren Erfüllung. Lade Synchronizitäten ein und handle entsprechend. Hier nochmals der Merksatz: Steuere, indem du mitfließt.
Adressiere den Wunsch nach Erfüllung deines Zieles an die vierte Dimension. Dort fällt gewissermaßen das Potenzial als eine Möglichkeit in deinen Raum. Nutze diese Möglichkeit, in dem du entsprechend handelst. So entfaltet sich das Potenzial.

Ein letztes Mal: Die Anwendung macht dich zum Meister. Doch das Verständnis für die Zusammenhänge ist mindestens die Hälfte der Miete wert. Ohne Verständnis ist es schwer, ein Bewusstsein für Synchronizitäten, Frequenzen und Resonanzen zu entwickeln.

Ekstase

Ekstase ist die vergessene Sprache.
Sie ist etwas Natürliches und nicht nur den großen Eingeweihten vorbehalten. Oder sogar ein sexueller Rausch. Sie ist etwas, was jeder auf diese Welt mitbringt, womit jeder Mensch geboren wird. Sie ist der innerste Kern des Lebens. Ekstatisch zu sein ist ein Teil des Lebendigseins. Das Leben selbst ist Ekstase! Ekstase muss nicht laut sein. Doch wenn du Resonanzen und Synchronizitäten wahrnimmst, dann spürst du die Ekstase. Dankbarkeit wird dein Sein erfüllen.

Wir gehen wieder den bewährten Weg und ergründen das Wort Ekstase über die Wortwurzel. Ékstasis – griechisch – bedeutet: außer sich geraten. Ex-histasthai – aus sich heraustreten. Das bedeutet, wir treten aus dem Gefängnis des Egos heraus und der Genius schaut auf das Ego in Liebe und durchschaut es. Taucht es in Licht. Dadurch muss das Ego nicht sterben, sondern es wandelt sich zum Diener. Das entspannt das Ego ungemein. Es wird heil. Es wird das, was es ist: dein Bezugspunkt.

Du sagst »ich« und weißt, dass das deine Marke im Raumland ist. Es ist dein Name, es sind deine unterschiedlichsten Rollen, all die Kleider, die du aus dem Schrank holst, anziehst und wieder ablegst. Es ist wie ein Spiel, das dich erfreut. Wir alle spielen gerne. Doch wie schrecklich, wenn aus einem Spiel ernst wird.

Stelle dir vor, du spielst Schach und plötzlich vergisst du, dass du Schach spielst. Du siehst deinen König in höchster Gefahr und bist bereit, deinen Gegner umzubringen. Welch fürchterliches Szenario.

Wach auf! Es ist ein Spiel. Trete vom Spiel zurück und schaue auf die einzelnen Figuren.

Ekstase bedeutet ganz praktisch: Erlösung.

Was einst verloren ging, ist nun wiedergefunden. Der verlorene Sohn ist heimgekehrt! Was fehlte, wurde wieder erinnert. Wer immer einst litt, ist nun gerettet. Das ist die Erlösung. Du erinnerst dich daran, dass die Dunkelheit nicht ewig Bestand haben muss und richtest den Fokus auf ein nährendes Feuer. Du hast genug von den dunklen Geschichten des Pechs, das lange genug an dir klebte.

Du erkennst das Geschenk der Resonanz und öffnest dich für immer für die Frequenzen der Liebe, der Freude, der Stille, des Friedens, der Dankbarkeit im Jetzt.

Das Geschenk der Ekstase liegt darin, deine Frequenz dramatisch nach oben zu drehen. Es ist wie bei einem Radio. Du veränderst die Frequenz und damit schaltst du vom Sender der »bad news« zu jenem der »good news« um. Du erinnerst dich, dass du lange genug den schlechten Nachrichten zugehört hast. Du hast genug. Und so fügt es sich, dass du plötzlich viele Sender findest, die ein vollkommen anderes Programm ausstrahlen. Bei denen wirst du Mitglied. Denn zu diesen hast du Resonanz.

Fazit: Ekstase bedeutet, du bist außer dir vor Freude, denn du bist in Resonanz mit Gefährten, mit Situationen, mit Dingen – die auf deiner Welle schwingen. Du veränderst deinen Fokus für immer.

Der magische Flow

Jetzt, auf der Stufe der Meisterschaft, bist du bereit, den Fokus neu auszurichten. Du nutzt die Kraft des Fokus zur Verbindung und es entsteht ein magischer Flow. Magie ist die Kunst, die Lebenskraft durch dich hindurchfließen zu lassen. Wie durch einen hohlen Bambus. Wie durch eine Flöte.
Der magische Flow kennt keine Anhaftung. Im magischen Flow erhält der Meistersatz: »Ich akzeptiere jede Situation – AHA – und handle genial« eine zusätzliche Bedeutung. Nämlich die Ausrichtung auf Erfolg. Du gehst in Resonanz mit dem, was sich wirklich stimmig anfühlt – selbst dann, wenn der Verstand den Kopf schüttelt.

Jwala's Sicht

Im magischen Flow zu sein, in satter Verbindung zu stehen, angedockt zu sein und miteinander zu schwingen – in Resonanz. Das ist es, was ich will!
Staunend, freudig, liebend, friedlich, mitfühlend gehe ich weiterhin durchs Leben. Dies ist meine Wahl. Immer und immer wieder. Daran erinnere ich mich.

Und sollten wir uns einmal treffen, du und ich, dann schauen wir uns in die Augen und wissen, dass wir genial sind. Darüber brauchen wir dann nicht mehr zu reden. Denn dann gibt es andere Dinge, die uns in unserem Paradies auf Erden wirklich wichtig sind.

See you soon in NeuLand.

Quintessenz

Du bist da. Ein neuer Ton in deinem Leben wird hörbar. Zuerst nur für dich, dann immer lauter werdend – für alle wahrnehmbar. Bald bemerken es deine Gefährten. Neue Menschen, neue Situationen und neue Ereignisse treten in dein Resonanzfeld. Damit beginnt für dich ein neues Leben.
Du wirst zum Genie deines Lebens.

Epilog

Existenziell verlassen wir mit dem Genius die Ebene des Opfers. Verstanden hat das bereits eine kritische Masse von Menschen. Jetzt geht es nur noch darum, das tatsächlich zu tun.

Die Herausforderung ist, den Schöpfergeist in dir jeden Augenblick deines Lebens auszudrücken. Dir dessen permanent bewusst zu sein und dich zu vernetzen. Denn dann wird aus der Raupe Menschheit, die erbarmungslos die Ressourcen von Mutter Erde verbraucht, ein Schmetterling. Gestalten wir ein Paradies auf Erden.

Ein Paradies, dessen Quelle die Weisheit des Herzens ist und in dem wir uns einander als beseelte Wesen erkennen. Der andere wird zum Spiegel, zu einer Facette von dir selbst. Und da du dich liebst, liebst du ihn auch. Da du mit dir in Frieden bist, bist du es auch mit ihm. Da du genial bist, ist der andere es auch. Du erinnerst ihn. Du steckst ihn an. Du infizierst ihn mit deinem Genius.

Die Freude des Lebens zeigt sich darin, dass es sich ständig neu schöpft. Da du das Leben bist, bist du der Schöpfer. Der Genius, der sich erkennt und weiß:»Ich bin genial.«

Lebe dein volles Potenzial

Den Anfang im Ende finden. Der Vorschlag ist, dieses Buch jetzt noch einmal zu lesen. Diesmal mit dem Wissen um die sieben Erkenntnisse. Wir versprechen dir davon einen genialen Gewinn.

- ♠ Du kommst in Resonanz mit etwas Größerem und schaust jetzt, mit dem Wissen der sieben Erkenntnisse, auf deine Position.
- ♠ Das volle Potenzial hebt sich und legt sich dir zu Füßen. Lächelnd schöpfst du daraus.
- ♠ Deine Vision bekommt neue Farben, andere Kleider und einen verführerischen Geschmack.
- ♠ Du erkennst den Weg und gehst ihn. Du bist ganz du.
- ♠ Die Hindernisse werden zu Meilensteinen. Zu Boten. Der Schatten ist dein Freund und Liebe ist dein Licht.
- ♠ Du hältst den Fokus auf den magischen Flow.
- ♠ Du erlebst die Geschenke der Resonanz. Gnade wird dein Begleiter, denn die Form zeigt sich.

Du schreibst die Geschichte deines einzigartigen, gut gelebten Lebens – nicht nur mit Tinte, sondern vor allem, indem du es lebst. Und mit Gefährten teilst.

Du wählst das Wunder – und das Wunder wählt dich.

Die Autoren

Jwala Gamper
Als Künstlerin schafft sie »Signs by Jwala« in einzigartiger europäischer Kalligraphie, kreiert SIGN-Produkte sowie neuroSIGNS© für »Die Vision von NeuLand«. Ihre Kunst fördert das höchste Potenzial und weckt den Genius.
www.SIGN.ag

Karl Gamper
Als Autor und moderner Mystiker treibt Karl Gamper mit sei-
nen Büchern den nächsten Sprung in der menschlichen Evolution voran. Der Genius als ein Aspekt von uns allen ist ein
ebenso gutes Beispiel wie sein Fernlehrgang: »Die Vision von
NeuLand«.
www.neuland.vision

Jwala und Karl Gamper sind Seelenpartner und wirken am
Kraftplatz Claudiaschlössl in Tirol.
www.claudiaschloessl.at

neuroSIGNS© neuroSIGNS© sind von Jwala und Karl Gamper entwickelte transformatorische Sprachmuster. Die Inhalte werden mit den neuroSIGNS© fokussiert und auf einzigartige Weise transportiert.

Jwala Gamper, die Frau an der Seite von Karl, schreibt die Texte der neuroSIGNS©. Gesprochen werden sie von Jwala und Karl Gamper. Sie führen aus der Hypnose des Mangels, erweitern das Bewusstsein und öffnen neue, lichtvolle Dimensionen. Und zwar auf leichte, meditative und zutiefst entspannte Art. Die Wirkung ist verblüffend. In kürzester Zeit wird unser rationaler Wächter ausgeblendet und das Tor zur inneren Quelle geht auf. Unser Potenzial entfaltet sich. Mühelos. Strömend. Im Fluss des Lebens.

Darüber hinaus zielen die neuroSIGNS© darauf ab, das Mittelhirn mit dem Stammhirn und dem Neocortex zu verbinden. Die Wirkung der neuroSIGNS© wird potenziert durch die wiederentdeckten Solfeggio-Frequenzen, deren heilende und transformierende Wirkung schon Mönche des Mittelalters kannten. Diese Symbiose aus Sprachmustern und Klängen machen neuroSIGNS© einzigartig. Wirkstark. Sie sind somit der passive Teil und aktivieren dein höchstes Potenzial.

Die Sprachweise ist ein schamanisches Flüstern, es geht an deinem rationalen Wächter vorbei. Dieser springt manchmal auf, doch du hast das Tor längst passiert. Vorbei an den Grenzen des Wächters erlebst du die nährende Wärme von Neu-Land. So satt. So angekommen. So tief in dir.

Quellennachweis

1) Signs by Jwala, weitere Informationen: www.sign.ag

2) Stephen Mitchell, Laotse – Tao Te King. Zitiert aus Kosha Anja Joubert – Die Kraft der kollektiven Weisheit – J.Kamphausen Verlag.

Die App zur Verankerung des Genius in deinem Leben

Diese App unterstützt dich auf deinem Smartphone oder Tablet.

Sie bietet dir zu jeder der 7 Erkenntnisse kraftvolle neuro-SIGNS© an, mit denen du die Weisheit der einzelnen Erkenntnis bis auf deine Zellebene sinken lassen kannst – tief in dein Unterbewusstsein hinein.

Zusätzlich werden dir für jede Erkenntnis hilfreiche Tools angeboten, um die tägliche Arbeit mit dem Genius in dir reifen zu lassen.

Werde zum Genius deines Lebens.

Verfügbar für IOS und Android. Weitere Informationen im App Store unter »7 Erkenntnisse« oder unter www.neuland.vision

Karl Gamper

DIE INNEREN HELFER

Mit den Kräften des Kosmos zu einem erfüllten Leben

TB-Kompakt, € [D] 7,99
ISBN 978-3-86728-266-6

Aktivieren Sie Ihre Inneren Helfer, machen Sie sie zu Ihren Verbündeten und laden Sie aktiv die Fülle des Universums in Ihr Leben ein. Tatsächlich ist es so: Ihnen ist alles möglich, weil Ihren Inneren Helfern alles möglich ist.

Wir leben in einem wundersamen Universum, dessen Stoff aus Geist besteht. Da wir frequenzspezifische Wesen sind, ziehen wir genau das in unser Leben, was in der gleichen Frequenz schwingt. Durch die Aktivierung unserer Inneren Helfer erhöhen wir unsere Schwingung und öffnen uns für die Wunder des Lebens.

Karl Gamper beschreibt in diesem faszinierenden Buch, wie Sie die Kräfte der Inneren Helfer in Ihr Leben einladen und sie für sich wirken lassen können.

DIE VISION VON

NeuLand

Karl Gamper

Sei realistisch. Erwarte Wunder!
Dein Quantensprung in 21 Phasen.

In NeuLand gehen wir gemeinsam einen Weg, der an keiner Stelle den alten Weg berührt.

Das klare Ziel dieses Kurses ist sich neu zu definieren und den Quantensprung des Lebens zu wagen.

Während des Kurses erforschen wir unsere Grenzen und weiten diese aus, verbinden uns mit unserem SeelenLicht, spielen mit den Polaritäten und ganz wichtig, wir lernen unsere Angst anzunehmen und somit die Schatten loszulassen. Angst ist nur eine Frequenz. Das Ziel ist, aus dieser niederen Frequenz auszusteigen.

Dein Entwicklungsprozess findet in 3 Stufen statt, die jeweils 7 Phasen beinhalten. Er verläuft von Heilung über Transformation hin zur Manifestation. Durch diesen Dreiklang wird deine Essenz, dein Licht, das was du bist, vollständig zum Vorschein treten.

Du lernst die Informationen des Körpers zu verändern, neu zu denken, neu zu fühlen und neu zu handeln. Du lernst mit der evolutionären Kraft des Kosmos zu leben und im Fluss der Liebe und der Freiheit dein Leben zu manifestieren.

Der Kurs, der dich mit deinem höchsten Potenzial verbindet – dem Potenzial deiner Seele – findet im Fernlehrgang statt und wird dir bequem nach Hause zugesandt.

Er beginnt jeweils zum Neumond und korrespondiert somit mit dem natürlichen Rhythmus der Menschheit, dem Mondzyklus. Im Einklang mit dieser kraftvollen Energie findet in jeder Phase ein Ein- und Ausatmen statt.
Das Einatmen ist das Studium der 21 Phasen, das Ausatmen ist der meditative Teil, das Anhören und das Verinnerlichen der neuroSIGNS© (CD).

In 21 Phasen zu einem erfüllten Leben.

Beginn: Jeweils zum Neumond
Dauer: 21 Phasen (Wochen)
Zusendung: Alle 7 Tage, entsprechend der Mondphase
Inhalt: Skript mit Übungen und neuroSIGNS© auf CD
Preis: 100 Euro für 4 Phasen, per Rechnung

Informationen & Anmeldung:
www.neuland.vision
E-Mail: NeuLand@momanda.de
Tel. +49 - (0)8031-23067-0

Wichtiger Hinweis

© KOHA-Verlag GmbH Burgrain
Alle Rechte vorbehalten
1. Auflage 2015

Lektorat: Diana Schulz
Bildnachweis:
Fotolia + Shutterstock

Cover: Sabine Dunst/Guter Punkt, München
Umschlagmotiv: © Copyright Balazs Kovacs Images/shutterstock

Gesamtherstellung: Karin Schnellbach
Druck: Finidr, Tschechien
ISBN 978-3-86728-267-3